Luis Palau
CRISTO A LAS NACIONES

CRISTO A LAS NACIONES

La historia de Luis Palau y su Equipo

COMO FUE RELATADA A
Leticia Calçada

Editorial UNILIT

Publicado por Editorial **UNILIT**
Miami, Florida
Derechos reservados

ISBN 0-945792-22-0
Producto No. 498023

Derechos de Autor © 1988 por Luis Palau
Todos los derechos reservados. Este libro o porciones no puede ser reproducido sin el permiso escrito de su autor.

Las referencias bíblicas fueron tomadas de la Versión Reina Valera, revisión 1960 © Sociedades Bíblicas Unidas - a menos que se haga otra indicación.

BA. La Biblia de las Américas © 1986 por The Lockman Foundation. Usado con permiso.

Cubierta diseñada por: David Bonilla
Fotografías: Omar Ortiz, Dave Jones y Ake Lundberg

ISBN 0-945792-22-0
Producto No. 498023

Printed in Colombia.
Impreso en Colombia.

RECONOCIMIENTO

"Al que honra, honra".
—San Pablo

Mi esposa Patricia y yo queremos dar honra a la persona que en verdad escribió este libro, Leticia Calçada.

Ella fue quien recogió anécdotas, condujo las entrevistas, buscó fotografías, y pasó horas, semanas, meses frente a la computadora, escribiendo y editando el manuscrito.

Y a Dios sea toda la gloria para siempre, por los siglos de los siglos.

Luis y Patricia Palau

DEDICATORIA

Dedico este libro a mi madre y a la memoria de mi padre. Asimismo a mi esposa Patricia, a mis cinco hermanas, a mi hermano, mis cuñados, a mis cuatro hijos y a mis dos nueras.

Y todo para gloria eterna de nuestro Dios y Padre Celestial.

CONTENIDO

I. A TRAVES DEL TIEMPO Y EL ESPACIO
(quién, dónde, cuándo)

CUARTO INTERMEDIO

II. MAS ALLA DEL TIEMPO Y EL ESPACIO
(qué, cómo, con quién, por qué)

APENDICES

INDICE

I. A TRAVES DEL TIEMPO Y DEL ESPACIO
(quién, dónde, cuándo)

Capítulo 1 .... página 15
Capítulo 2 .... página 21
Capítulo 3 .... página 25
Capítulo 4 .... página 29
Capítulo 5 .... página 32
Capítulo 6 .... página 36
Capítulo 7 .... página 39
Capítulo 8 .... página 43
Capítulo 9 .... página 47
Capítulo 10 .... página 50
Capítulo 11 .... página 55
Capítulo 12 .... página 60
Capítulo 13 .... página 64
Capítulo 14 .... página 68
Capítulo 15 .... página 73
Capítulo 16 .... página 77
Capítulo 17 .... página 81
Capítulo 18 .... página 85
Capítulo 19 .... página 90
Capítulo 20 .... página 94
Capítulo 21 .... página 98
Capítulo 22 .... página 102
Capítulo 23 .... página 106
Capítulo 24 .... página 111
Capítulo 25 .... página 115
Capítulo 26 .... página 120
Capítulo 27 .... página 124
Capítulo 28 .... página 128
Capítulo 29 .... página 134
Capítulo 30 .... página 138

CUARTO INTERMEDIO .... página 144

II. MAS ALLA DEL TIEMPO Y DEL ESPACIO
(qué, cómo, con quién, por qué)

Los distintos ministerios .... página 149
Predicando a gobernantes .... página 162
Nuestro equipo hoy... y ayer .... página 168
27 razones para el evangelismo masivo .... página 176
El tesoro de mi familia .... página 185
Aprendiendo a orar .... página 193
Mi desafío a los jóvenes .... página 200
"Quiero ser evangelista...". .... página 206

APENDICE 'A'

20 años de ministerio en un pantallazo .... página 211

APENDICE 'B'

Estadísticas .... página 240

APENDICE 'C'

Testimonios .... página 244

I

A Través del Tiempo y del Espacio

(quién, dónde, cuándo)

CAPITULO 1

"Señor Presidente, señores ministros, señores embajadores y distinguidos invitados: El mundo entero está viviendo una hora de tremenda crisis... En realidad la crisis de nuestra hora es una crisis del espíritu.

"Hace más de dos siglos la Junta de Gobierno de Francia declaró que no había Dios. El resultado fue anarquía, confusión, libertinaje, violencia, terror... la Revolución Francesa. Finalmente Robespierre, uno de los líderes de la Revolución, declaró ante la Junta: 'Señores, si no hay Dios tenemos que crear uno. No podemos gobernar a Francia sin Dios.'

"Gobernar al pueblo sin Dios es prácticamente imposible. La Biblia declara que la justicia engrandece a la nación, mientras que el pecado es afrenta de las naciones.

"Es por esa razón que hoy estamos aquí reunidos, para buscar en humildad la presencia de Dios, para pedirle que El sane a este país, que quite el pecado, que bendiga a la Patria.

"Y yo quisiera proponerles algo que podría ser usado por Dios para renovar esta nación. Quisiera desafiarlos a que todo el país sea parte de un gran movimiento de oración a Dios. Les sugiero que durante este mes cada media hora repiquen las campanas en señal de que cada habitante eleve una oración para pedir la bendición de Dios sobre el presidente y los líderes del gobierno". *

---

* N.R.: Este es sólo un extracto de la disertación de Luis Palau en la oportunidad a que luego se hace referencia.

Luego que hube terminado mi pequeño discurso, el Presidente de la Nación se puso de pie y compartió unas palabras con los asistentes: "Quiero decirles a todos ustedes, dignas autoridades que nos acompañan y hermanos todos en la oración, que creo en la oración... Quisiera pedirles que me ayuden a seguir a Dios en medio de esta terrible crisis por la que atraviesa el mundo. Pidamos con todo nuestro fervor a Dios nuestro Señor..." Después de saludos protocolares, el Presidente me invitó a pasar a su despacho y me confió: —Tiene razón en todo lo que usted dijo, Palau. La crisis de esta hora es una crisis espiritual, y nada cambiará a menos que el cambio empiece en cada individuo, y a menos que el cambio sea efectuado por Dios.

—No son mis palabras, Señor Presidente, sino las palabras de Dios. El también quiere empezar el cambio en su vida.

—Vea, Palau —comentó el Presidente—, el mío es un caso excepcional. Mi vida es un caos. Atravieso por terribles problemas personales y familiares, y a todo eso se le suman las dificultades y presiones de gobernar a varios millones de personas. Creo que voy a vivir sin paz hasta el final de mis días.

—Pero Señor Presidente —me apresuré a responder—, por ello precisamente Dios hace las promesas que hoy leímos y que usted bien conoce. El desea cambiar la vida de cada individuo y no sólo que lo desea, sino que puede hacerlo.

—Le agradezco sus palabras, pero lo que sucede es que usted no conoce mi pasado. Son muchos años de vivir en la oscuridad, en el más profundo pecado, Palau. Le ruego que ore por mí porque lo necesito...

En el resto de nuestra charla pude explicarle a este hombre el plan de salvación de Dios para él y su familia. Le llevó un largo rato creer que Dios lo perdonaría por algunas de las cosas que había cometido, pero antes de que acabara nuestra conversación, entendió claramente que Cristo es el único y muy suficiente Salvador.

Todo había comenzado con mi amigo David, quien trabajó ocho años en la selva como misionero y fue transferido a la ciudad capital para hacerse cargo de las relaciones públicas entre su misión cristiana y el gobierno del país. Poco tiempo después de mudarse a la capital, tuvo que ponerse en contacto con un coronel que a la sazón era ministro de gobierno. David comenzó a orar por este hombre, pidiendo al Señor que le diera una oportunidad de testificarle. Sin embargo, al poco tiempo hubo una revolución y el coronel desapareció de la escena. David no tenía paz en su corazón ya que nadie parecía saber dónde estaba el hombre, y pidió a Dios que le permitiera prestar ayuda.

Un día uno de los diarios informó que el coronel se había refugiado en una embajada. Cuando David se enteró, oró a Dios rogando que pudiera contactarse con el militar. Deseaba hacerle llegar un Nuevo Testamento, de modo que subrayó algunos versículos, adjuntó una carta explicando el camino de salvación, y le pidió a uno de los guardias de la embajada que entregase el sobre al coronel en cuestión. Mi amigo se alejó del lugar sin saber si su pedido sería llevado a cabo.

Tiempo después el coronel llamó por teléfono a David y le dijo: —Usted es la única persona que se acercó a mí durante esta circunstancia tan difícil. Mis amigos me ignoraron. Además, como no tenía otra cosa que hacer, leí el Nuevo Testamento tres veces.

Al poco tiempo hubo otra revolución, y el coronel se convirtió en el presidente de la república. Luego de la asunción del mando mi amigo solicitó una entrevista con este militar, quien inmediatamente se la concedió. Cuando lo recibió, lo saludó con un gran abrazo, como si fuesen viejos amigos.

—¿En qué le puedo ser útil? —preguntó el coronel, esperando que David le pidiera un favor.

—En nada —contestó David—. Sólo quiero orar por usted, por su familia, por su gobierno, y sobre todo por este país.

—Nunca antes habían orado por mí —respondió el entonces presidente, meneando su cabeza asombrado—. Hágalo, por favor.

Cuando concluyó la oración, el coronel estaba llorando de emoción y gratitud.

Tiempo después, durante otra conversación, mi amigo y este militar trataron varios temas candentes, incluyendo la corrupción y la falta de confianza en el gobierno. David comentó que el país necesitaba un reavivamiento espiritual, y el presidente se entusiasmó con la idea. En realidad, su entusiasmo fue tal que pidió a David que trazara un plan para una campaña de moralidad en todo el país.

Como parte de ese plan se organizó el primer desayuno presidencial de oración del país, al cual fui invitado como orador. El resto de la historia ya lo saben.

* * *

Dos minutos antes de que concluyera uno de nuestros programas de televisión, llamó por teléfono una muchacha desesperada. Desde que mataran a su padre dos años atrás, la madre había entrado en un serio estado de depresión, y la joven por su parte estaba deprimida al punto de haber intentado el suicidio tres veces. Terminado el programa, pude aconsejarla durante quince minutos, animándola a que concurriera al centro de consultas de la cruzada en Buenos Aires. La muchacha así lo hizo y al día siguiente recibió a Cristo mientras uno de mis colegas le daba consejos bíblicos para que pudiera superar la crisis por la que estaba atravesando.

Javier, un niño de 9 años de edad, nos llamó para pedir oración por su padre, quien había abandonado el hogar hacía dos años. Pude guiar al niño a Cristo, y también oramos por su papá. A las pocas semanas la madre de Javier se comunicó con nuestra oficina para decir que su esposo había vuelto arrepentido luego de haber visto el programa y de que hubiésemos orado por él. El testimonio de la criatura fue el motivo para que ese hombre volviera arrepentido a su familia y admitiera su necesidad de Dios.

Un ingeniero en la ciudad de México concertó una entrevista con nosotros. Este hombre había escuchado uno de mis mensajes radiales sobre el matrimonio, y sintió el profundo vacío de su alma. Tuve el privilegio de hablarle del Señor Jesús, y el caballero, un hombre educado y de alta posición, recibió a Cristo en su corazón y hoy es un hombre totalmente nuevo. El y su esposa tienen una renovada relación de amor entre sí, y el cambio en su vida y su familia es extraordinario.

En otra ocasión una mujer me llamó por teléfono al programa y me insultó en el aire, utilizando frases obscenas. A través de la pantalla de televisión yo la invité a concurrir al estadio para escuchar el mensaje del evangelio. La mujer asistió la noche siguiente, y la predicación de la Palabra de Dios produjo tal convicción en ella que lloró durante la reunión. Cuando hice la invitación al final del sermón, ella entregó su vida a Cristo y luego se dio a conocer a los consejeros.

Durante una de nuestras campañas evangelísticas en Inglaterra, una dama estaba tan feliz porque un familiar suyo había recibido a Cristo durante una de las reuniones, que esa noche al volver a su casa en taxi invitó al conductor, de nombre William, a concurrir al día siguiente, y nos pidió que orásemos por el hombre. En mi sermón del día siguiente dije que también el taxista William necesitaba a Cristo en su vida, y que si estaba presente esa noche, debía abrirle su corazón al Señor. Cuando finalizó la reunión William se acercó a un consejero, se presentó, le dijo que había recibido al Señor en su vida, y que deseaba que yo supiera que el taxista a quien había hecho referencia durante el sermón le había dicho sí a Cristo.

En otra ciudad un homosexual drogadicto de 20 años asistió a una de nuestras cruzadas de evangelización y sintió que su corazón había sido tocado por el mensaje de Jesús. Uno de los consejeros habló con él, y el muchacho luego manifestó que con el poder de Jesús ya no necesitaba drogas para enfrentar la vida.

Un domingo de pascua, en una concentración multitudinaria en una gran capital latinoamericana, varios agentes de policía estaban guardando el orden en virtud de las 80.000 personas que se había reunido en el parque.* Dos de los policías decidieron seguir a Jesús y entregar sus vidas a Dios allí en sus puestos de trabajo. De manera reverente se quitaron sus gorras durante la oración y abrieron sus corazones al Señor Jesús.

Llegó a nuestra oficina una carta escrita desde la cárcel por un joven uruguayo. El muchacho había sido puesto en prisión luego de varios asaltos a mano armada. Recibió uno de los libros evangelísticos que yo escribí, ¿ERES CRISTIANO? ¿SI O NO?, (E. Unilit) y en su carta el joven expresó que luego de leerlo había recibido a Cristo en su vida y su deseo era cambiar, cumplir con su condena y salir en libertad para servir a Dios.

Una preciosa familia asistió a una de nuestra cruzadas y me escribió una carta que me hicieron llegar personalmente, diciendo que habían decidido seguir al Señor Jesucristo. A partir de ese momento hay alegría renovada en sus corazones, el matrimonio más que nunca se está afianzando como pareja, están deseosos de aprender más sobre la Biblia y sobre Dios, e incluso el padre de familia en su trabajo de gobierno está dando un maravilloso testimonio de su fe en Cristo.

Tengo una carpeta donde celosamente guardo centenares de cartas que me llegan contándome testimonios de vidas cambiadas en forma radical por el poder transformador de la sangre de Cristo. ¡A Dios sea la gloria! ¡Aleluya!

* * *

—Papá, ¿vienes a jugar? —llamó Esteban ya un tanto impaciente.

---

* NR: Esta cifra fue estimada por una autoridad gubernamental presente.

—Sí, hijo, enseguida estoy contigo —contesté.
—Luis —advirtió Patricia—, la cena estará lista en media hora. Asegúrate de estar de regreso con los muchachos para entonces.
—De acuerdo, querida.
—Papá —siguió Esteban apurado—, no vamos a tener tiempo para jugar... ¡Siempre me haces esperar!
—Ya voy, hijo. Ya voy.

CAPITULO 2

Aun con mis responsabilidades como esposo y padre, no pasa mucho tiempo antes de que en mi corazón sienta la necesidad de continuar predicando el evangelio a un mundo perdido. Podré estar ocupado con diferentes cosas, pero al leer un artículo en una revista o periódico, o tal vez al hablar con alguien, en mi interior nace el deseo renovado e impaciente de predicar.

Cualquiera pensará que toda mi vida he sido predicador, pero no es así. No fue sino hasta después que cumplí treinta años que me convertí en evangelista de tiempo completo. Créase o no, la historia comienza en el siglo XII.

Fue en ese entonces que los germanos invadieron el nordeste de España y dejaron tras sí descendientes rubios y de tez clara. Pasó generación tras generación, hasta que Luis Palau padre nació en Cataluña, y al poco tiempo sus padres (mis abuelos) emigraron a la Argentina.

Fue en la Argentina que mi padre se casó con Matilde Balfour. Ella por su parte también tenía sangre europea en sus venas (francoescocesa). Así las cosas, Luis Palau hijo nació en la populosa Buenos Aires un 27 de noviembre. Corría el año 1934. El niño era el primer varón de la familia.

Muchos han compartido conmigo su extrañeza de que un evangelista internacional surja de un país en vías de desarrollo, país al que muchos hasta consideran parte del llamado "tercer mundo". La verdad es que tal evangelista surge cuando hay un plan divino. Con el correr de los años yo llegaría a ver cómo Dios iba desarrollando ese plan. Hoy puedo decir agradecido al Señor:

Tú me hiciste en el vientre de mi madre. Te alabaré; porque formidables, maravillosas son tus obras... y en tu libro estaban escritas todas aquellas cosas que fueron luego formadas, sin faltar una de ellas. (Salmo 139:13-16)

Mis abuelos maternos eran religiosos nominales. Era sólo en forma esporádica que asistían a la iglesia, pero sin embargo se consideraban cristianos. Siempre recuerdo que cuando visité al abuelo moribundo en un hospital en Buenos Aires, me senté junto a él y lo insté a poner su fe en Dios. El me tranquilizó, diciendo: "No te preocupes, Luisito. Después de todo soy un escocés presbiteriano". Era verdad, tenía sangre escocesa, pero desde que vivía en la Argentina le importaba más el 'escocés'* que los presbiterianos (aunque nunca bebió en demasía). Lamentablemente el abuelo murió ese mismo día, creyendo en uno de los mitos comunes pero equivocados del cristianismo (que un rótulo religioso es suficiente).

Para la familia Palau la vida fue difícil desde siempre. Mi abuelo paterno murió cuando mi padre tenía 16 años, por lo que papá inmediatamente tuvo que empezar a trabajar. Se compró un camioncito de reparto, y con su transporte de materiales ahorró dinero suficiente como para comprar un terreno y una casa. Al tiempo lo vendió, compró más terreno, construyó otra casa y la volvió a vender. Finalmente decidió iniciar un negocio de materiales de construcción. Todo lo que tenía lo llevaba a mayores y mejores oportunidades de hacer fortuna, y este negocio no fue una excepción. Con el correr del tiempo adquirió varios camiones y tuvo unos cuantos obreros trabajando para la empresa.

Mis padres comenzaron su hogar en el pueblito de Ingeniero Maschwitz, en la provincia de Buenos Aires. En la época de mi nacimiento papá se decía no-religioso, aunque afirmaba creer en Dios y en Cristo. Mi madre por su parte durante toda su vida había buscado a Dios pero hasta el momento no lo había encontrado. Decidió ser la organista de la iglesia porque estaba ansiosa de acercarse a Dios, y creyó que al hacerse cargo de la música de la parroquia los domingos de alguna manera se estaba encaminando hacia la vida eterna.

Mamá buscaba respuestas a sus muchas preguntas espirituales,

---

* N.R.: Léase "buen whisky"

pero ni ella ni mi padre conocían el evangelio bíblico —al menos hasta que conocieron al señor Rogers.

Eduardo Rogers era un misionero que se había radicado en la Argentina con la intención expresa de ganar a otros para Cristo y establecer iglesias cristianas en varios pueblos. Rogers se ganaba la vida trabajando como ejecutivo en una compañía petrolera. Entró en contacto con la familia de mi madre probablemente en razón de la ascendencia escocesa. Calladamente comenzó a cultivar la amistad de la familia.

Mamá tenía tanta sed de Dios que solía arrodillarse a leer un ejemplar del Evangelio de San Mateo que Rogers le había regalado. Le gustaba leer el Sermón del Monte, y a menudo se maravillaba por las Bienaventuranzas.

—Esta es la clase de vida que quiero vivir —se decía—. No me voy a conformar con nada inferior.

Cuando todavía era soltera, llegó a la conclusión de que si asumía un compromiso con el Señor Jesús, no se iba a casar con Luis Palau ya que él no era cristiano de corazón. Mamá siempre fue una persona de firmes determinaciones, y se daba cuenta de que su nueva vida en Cristo se convertiría en lo más importante de su existencia. Mamá está convencida de que el plan de Dios fue demorar un poco la conversión ya que Matilde y Luis debían casarse... de otra manera yo no hubiera nacido. Así de simple.

No fue sino hasta que cumplí tres meses que mamá decidió tomar la decisión más crucial de su vida. Una noche estaba leyendo la Biblia mientras esperaba a mi padre. De pronto dijo a Dios: "Señor, quiero que me des la salvación. Por favor, muéstrame el camino". A los pocos minutos llegó mi padre, de modo que esa noche las cosas quedaron allí, pero el Señor había escuchado esa oración y la contestaría.

Al día siguiente mientras yo dormía la siesta, mamá decidió recostarse un rato para leer, y recordó que en un cajón tenía varios folletos que Eduardo Rogers y su esposa le habían regalado. Optó por uno pequeño que se titulaba "Te he amado con amor eterno", que explicaba el amor de Dios y el camino de salvación tomando como base Jeremías 31. En ese mismo momento mamá se arrodilló y entregó su vida al Señor Jesús, y también en ese instante cayó en la cuenta de que al fin podría vivir esa vida maravillosa descrita en el Sermón del Monte en el Evangelio de Mateo.

Lo primero que hizo fue escribir en la primera página de su Biblia: "Hoy, 5 de marzo de 1935, recibí a Jesucristo como mi

Salvador personal". Dejó la Biblia abierta sobre la mesa para que a su regreso mi padre pudiera verla. Fue lo que precisamente sucedió, y el comentario de papá fue: "Bueno, Matilde, entonces voy a observar qué sucede".

Papá decía que no quería tener nada que ver con "esas cosas de la iglesia", pero a menudo el ojo avisado lo podía ver en la parte exterior de la capilla durante las reuniones. El señor Rogers y otros predicadores sabían que algunas personas del pueblo no querían ser vistas en el edificio mismo de la iglesia a pesar de que deseaban oír el sermón. Por esa razón se apagaban las luces de afuera de la iglesita para que los oyentes temerosos se acercaran confiados en la oscuridad y luego se retiraran furtivamente antes de que terminase el culto.

Mamá trataba de llevar a mi padre a la iglesia pero él decía que no quería escuchar acerca de Jesucristo. Argumentaba que sería en perjuicio de sus negocios. Sin embargo continuó escuchando desde el exterior hasta que mi madre decidió que ya era hora de que fueran juntos a una reunión. Papá accedió a regañadientes. Pero si mi madre hubiera sabido lo que ocurriría en medio del mensaje, creo que no se hubiera molestado en hacerlo entrar.

CAPITULO 3

Mi madre nunca olvidará ese primer día en que papá fue a la iglesia "oficialmente". Tampoco lo olvidarán los otros presentes (excepto yo, que sólo tenía alrededor de un año y medio). El Espíritu Santo obró usando el mensaje del señor Rogers y también lo que mi padre había oído anteriormente durante sus "visitas secretas".

En esas reuniones, al final del sermón no acostumbraban a hacer invitaciones para que la gente recibiera a Cristo, pero de todas maneras papá no hubiera podido esperar tanto. En mitad de la reunión se puso de pie súbitamente y exclamó: "Recibo a Jesucristo como mi único y suficiente Salvador".

Mi madre casi se desmaya. Nunca hubiera esperado algo así de papá. Estaba feliz pero al mismo tiempo avergonzada por la interrupción del mensaje. El predicador se detuvo, esperó a que papá concluyera y luego continuó con la predicación.

Una vez que mi padre hubo entrado al "redil", junto con mamá se convirtieron en cristianos francos y entusiastas. Como al principio había pocos cristianos en la iglesia, los hermanos necesitaban cuanta ayuda pudieran conseguir, razón por la cual buscaban la manera de poner a trabajar en seguida a los nuevos creyentes.

Esto proporcionó a mis padres un marco perfecto para el crecimiento espiritual, ya que los hizo esforzarse en el estudio de la Biblia y en la oración. Así estarían equipados para testificar y defender su fe, sobre todo ahora que pertenecían al grupo minoritario de los cristianos bíblicos del pueblo. Hablaban de Cristo cada vez que les era posible. Mi padre con la gente a quien conocía en los negocios, y mi madre esperaba con ansias cada oportunidad para testificar de su fe en el Señor Jesús. Fueron bautizados y muy pronto papá puso sus camiones a disposición de la iglesia. Todos los fines de semana un camión repleto de creyentes se dirigía hacia diferentes pueblos a fin de testificar de Jesucristo y repartir folletos. Poníamos dos largos bancos en la parte posterior del vehículo para que la gente se sentara, cargábamos el armonio, llevábamos el almuerzo que luego comeríamos en compañía de los hermanos, y partíamos felices.

Me encantaban esas salidas de los fines de semana y los días de fiesta. Los otros niños y yo doblábamos los folletos y los apilábamos. Los mayores los repartían. Allí comenzaban insultos y burlas, pero ni mis padres ni los otros hermanos de la iglesia se avergonzaban.

Fueron tantas las veces que oí predicar a mi padre que llegué a imitar perfectamente sus gestos, su voz y hasta sus palabras. Tal vez por eso me gustaba tanto jugar "al culto" y predicarles a mis hermanas. Ellas me tenían que hacer caso les gustara o no porque yo era el mayor —y además era varón.

En nuestra pequeña iglesia, la única del pueblo, no había más que una docena de personas. Mi madre era la organista. A nosotros nos incomodaba porque pensábamos que cantaba demasiado fuerte. Pero el hecho es que ella siempre cantaba himnos, hasta cuando hacía las tareas en casa. Aquellas memorias aún siguen siendo bendición.

A mí me parecía que mamá era vieja, pero cuando yo nací ella sólo tenía 25 años. Todo el mundo decía que era una mujer muy amable, generosa y llena de bondad. No reía muy a menudo pero era muy dulce. A pesar de que era sumamente femenina y cordial, nunca dejaba pasar por alto cuando alguien hacía un comentario en contra de la Biblia. Su vida piadosa a través de los años ha causado una profunda impresión en mi alma.

Nunca se permitía ni permitía que quienes la rodeaban hablasen del futuro sin añadir "si Dios quiere", tal como se sugiere en Santiago 4:15. Cuando crecimos nos pareció un poco legalista, pero ella vivía honestamente aquella verdad. Algunos parientes comentaban sorprendidos que ella siempre demoraba sus decisiones hasta tener una clara orientación del Señor.

—Oye, Matilde —preguntaban—, ¿todavía no se ha movido la columna de fuego?—. (Se referían a la columna de fuego con que

Dios había guiado a los israelitas en el desierto.)

A ella no le molestaba, pero a mí sí. Me fastidiaba y me dolía por ella, pero sirvió para fortalecer mi convicción de que debía seguir al Señor sin avergonzarme jamás. Hoy me doy cuenta de que cuando debo tomar decisiones importantes, viene a mi mente el espíritu paciente con que mamá esperaba la señal del Señor.

Nunca se perdía una reunión en la iglesia, y yo la admiraba por ello. Cuando la comparaba con otras madres, hacía lo que la mayoría de los niños: llegaba a la conclusión de que mi mamá era la mejor del mundo.

Antes de que nos durmiéramos, nos leía relatos de misioneros. Mi historia favorita era la narración de la vida de dos misioneras que llevaron el mensaje del Evangelio a través del Asia —especialmente en la China— a pesar de la gran persecución y los maltratos físicos. Años más tarde aquel relato volvería a mi memoria y me convencería de que debía ser predicador y hablar de Cristo a los demás.

Papá y mamá insistían en que el domingo era un día sagrado. No podía haber deportes ni más actividades que ir a la iglesia, descansar, leer o participar en cultos de evangelización al aire libre en medio del calor de la tarde. Esas reuniones muchas veces resultaban desalentadoras, pero ayudaron a moldear mi futuro.

Guardo en mi memoria el recuerdo de una niñez feliz en un hogar feliz. Todos los días recibíamos enseñanza espiritual, tanto en la lectura de la Palabra de Dios y las explicaciones de las verdades bíblicas, como así también en las oraciones y el canto de himnos y coros.

Cuando yo tenía sólo 3 ó 4 años de edad, según me cuenta mamá, un día me arrodillé junto a ella mientras oraba por nosotros. Al oírle decir: "Señor, te pido que Luisito llegue a conocerte de verdad", yo alcé la cabeza y le dije: "Pero mami, yo ya conozco al Señor Jesús". Yo lo conocía a mi manera, pero no en forma personal como sucedería más tarde. Mis padres me habían inculcado el amor de Dios y me habían encomendado al Señor con la esperanza de que yo llegara a ser un fiel siervo del Evangelio. Cuando me dedicaron a Dios, dijeron: "Señor, aquí está Luisito. Es tuyo. Úsalo para tu gloria de la manera que desees para que muchos te conozcan a través de él". Yo no lo supe sino muchos años después. Decidieron que sería un secreto entre ellos y Dios.

Me acuerdo de que cuando inicié mis estudios secundarios, estaba preocupado por mi futuro y le dije a mi madre: —Mamá, mis amigos ya saben lo que serán cuando sean grandes, pero yo todavía no.

Ella no quería presionarme con el deseo de su corazón, así que respondió: —Tú no lo sabes, Luis, pero Dios sí. Cuando llegue el momento El te lo mostrará—. Y así sucedió.

Este conmovedor intercambio espiritual entre mis padres y Dios, siempre me mueve a remontarme a las palabras de Dios a Jeremías, *"Vino, pues, palabra de Jehová a mí, diciendo: Antes que te formase en el vientre te conocí, y antes que nacieses te santifiqué, te di por profeta a las naciones"* (Jeremías 1:4-5).

Hablar de mamá es hablar de una tremenda bendición en mi vida. Y hablar de papá produce en mí la misma emoción. Yo lo idolatraba. Con orgullo decía que me llamaba "Luis Palau hijo". Era mi ideal de hombre. Muchos rasgos evidentes en mí hoy son el resultado de otros sucesos que tuvieron lugar en la década del '40. Y varios de esos sucesos se centraron en la persona de mi padre.

CAPITULO 4

Las bolitas de cristal* y las carreras con los automóviles de juguete que papá me compraba, estaban entre mis actividades favoritas, pero el programa de diversión incluía también todo tipo de travesuras con mis hermanas —especialmente con Matil.
Cuando oía que mi padre hacía sonar la hebilla de su cinturón, sabía que iba a recibir una paliza. Nunca me disciplinó sin motivo; en realidad creo haberme salvado de varios castigos que debería haber recibido.
Las cualidades artísticas jamás estuvieron de mi lado, y yo me encargué de hacerlo claro una Navidad —yo en ese entonces tenía unos cinco años. Mis abuelos llegaron de visita y cuando nos quisieron saludar, la familia se dio cuenta de que mi hermana Matil y yo no estábamos a la vista. Nos encontraron con tarros de pintura, pinceles y nuestra ropa navideña a la que sólo le faltaba el cartel de "pintura fresca". En casa los días de fiesta eran muy especiales, pero mis padres decidieron que igualmente merecíamos una reprimenda —especialmente yo, quien era el instigador de todos los líos que hacíamos con Matil. Decidí que no volvería a tratar de convertirme en pintor.
Desaparecer y escondernos era otro de nuestros juegos predilectos. En una ocasión con Matil fingimos escaparnos de casa (yo con mis 5 años y ella con sus sólo 3) y nos escondimos bajo una lona que cubría unos sacos de cemento y arena que mi padre tenía

---

* N.R.: Canicas

en el negocio. Mamá y papá comenzaron a llamarnos y a buscarnos por todos lados. En casa, en el negocio, en casa de los vecinos, en casa de mi abuela... Nada. Nadie sabía nada. Papá estaba a punto de ir a hacer la denuncia a la policía, cuando decidió probar suerte en la búsqueda una vez más. De pronto se escucharon unas risitas ahogadas que parecían salir de abajo de unas lonas... Y allí nos encontraron, muertos de risa en nuestro escondite de varias horas. Nos pareció una aventura fantástica, pero esa escondida terminó con una buena paliza —a pesar de que mamá aún sostiene que no nos castigaron.

A los siete años de edad reconocí que no había sido llamado a ser un gran estilista (en aquel entonces se decía "peluquero o barbero"). Mi madre había ido a hablar a una reunión femenina y nos dejó por un par de horas con la señora que nos cuidaba. Decidimos jugar a la peluquería, de modo que busqué un par de tijeras y le dije a Matil que sería mi primera cliente. No me llevó demasiado tiempo arruinar su preciosa cabellera. Cuando mi madre regresó vio mechones de cabello rubio por el suelo (nos habíamos olvidado de limpiar) e inmediatamente imaginó lo ocurrido. Tratamos de demorar el encuentro inevitable, pero al final mamá avistó a la pequeña Matilde con un aspecto lastimoso. La pobrecita lloraba mientras mi madre trataba de emparejarle el cabello cortándolo muy cortito. Mi castigo consistió en ir al cuarto de baño donde debería permanecer por espacio de media hora. Fue en esa ocasión que además descarté la decoración de interiores como otras de las posibilidades para mi futura profesión. Durante mi penitencia decidí que sufriría menos si la media hora transcurría rápidamente. El pasatiempo estaba al alcance de mi mano, y podría resultar en una prueba exitosa. El rollo de papel higiénico y mi creatividad dieron lugar a un singular decorado, que sólo sirvió para reavivar el enojo de mamá y para hacerme merecedor de un castigo adicional. Evidentemente no era uno de mis mejores días, pero en pocas horas habría de olvidarlo todo y estaría listo para la próxima travesura.

Yo era muy pequeño para darme cuenta en aquel tiempo, pero gracias al negocio de mi padre vivíamos mejor que la mayoría de los niños en el pueblo. Nunca me creí un niño rico, ni lo era, pero aunque hubiera sido el caso, mi sentimiento de superioridad se habría equilibrado con la humillación diaria de que era objeto por pertenecer a una familia cristiana de fuerte orientación bíblica. Formaba parte de una minoría despreciada en esos días, y a pesar de que a veces me dolían los insultos, no dejaba de ser un honor.

Sin embargo, estaba orgulloso de mi apellido y de mi padre. Papá era muy respetado en el pueblo —no sólo por ser un comerciante próspero sino porque además era honrado. Recuerdo haberle oído decir que siempre pagaba sus cuentas puntualmente, razón por la cual no tenía deudas. Quería morir sin deber dinero alguno.

Tengo el claro recuerdo de sentirme bienvenido y querido entre la gente del pueblo porque todos amaban a papá. Me encantaba ser hijo de un padre así.

Aunque papá era un hombre muy sabio y no quiso consentirme, fueron pocas las veces en que no tuve lo que quería. Cuando conté con edad suficiente para tener mi anhelado pony,* mi entusiasmo no tuvo límites.

El arreglo era que yo lavaría al caballito, lo alimentaría, cepillaría, lo sacaría a hacer ejercicio y estaría encargado del cuidado en general. Papá construiría una caballeriza y proveería los enseres necesarios. Sin embargo, me habían impuesto una condición: mis hermanas no debían montarlo. Papá no quería que niñas pequeñas e inexpertas montaran un caballo asustadizo.

A pesar de que yo era un mocosuelo,** me parecía saber más que papá. Matil vez tras vez me rogaba que le permitiese montar el pony. Decidí que al fin de cuentas ella ya tenía edad para montarlo, y le presté el caballo. La pobrecita terminó enredada entre espinas, y yo terminé con una merecida paliza.

Hacía pocos menos de un año que tenía el pony, cuando una mañana salí a darle de comer y lo encontré moribundo. Era incomprensible. Murió enseguida; ni siquiera tuvimos tiempo de darle medicina. Yo estaba furioso contra todo y contra todos. Estaba desconsolado porque lo único que deseaba en el mundo era recuperar a mi querido caballito. Pasé el día de pie en un rincón y lloré hasta que no me quedaron más lágrimas. Mi único consuelo fue pensar que tal vez podría ver al pony en el cielo.

---

* N.R:Nombre familiar que se da a un caballo pequeño, por lo general de poca alzada.
** N.R: Niño inexperto.

CAPITULO 5

Papá, por su parte, fue nombrado "anciano"* de la iglesia local y contribuyó con los materiales para construir una capilla nueva. En realidad él mismo supervisaba la obra y a menudo realizaba la mayor parte del trabajo de construcción. (Hace unos años visité la iglesita. (Véase capítulo *"El tesoro de mi familia"*). Hoy hay una linda capilla en frente del edificio original. Fue emocionante ver otra prueba tangible de lo que papá había contribuido a realizar durante esos años.

Los cultos de la iglesia lejos estaban de ser dinámicos y amenos. Muchas veces me aburría en las reuniones, pero debo admitir que tuvieron un efecto positivo en mi niñez. Mucho de lo aprendido allí se halla profundamente enraizado en mi ser y lo amo con toda el alma.

Aun después de casi cinco décadas sigo pensando que la reunión de la Santa Cena tal como la celebraban en esa Capilla, es uno de los cultos más maravillosos. Recuerdo a los hermanos sentados alrededor de una mesa ubicada en el centro del salón, como para demostrar que los que sirven el pan y la copa no son más prominentes que los otros. No había una única persona que dirigiera el culto, sino que participaban varios. Un hermano se ponía de pie, leía una porción de las Escrituras y se sentaba. Otro oraba. Otro pedía un himno. Y así la reunión podía llevar más de una hora. No había exhortación ni enseñanza ya que todo se centra-

---

* N.R.: En las Asambleas Cristianas se denomina "ancianos" a los sobreveedores o distintos pastores que están a cargo del gobierno de la iglesia.

En Ingeniero Maschwitz, Argentina en la década del '30. De izquierda a derecha, mi padre (5to.); mi madre (7a); mi hermana Matil y yo (4ta. y 5to.)

ba en la persona de Cristo y la obra de la cruz. Recuerdo que papá me decía que aunque un predicador famoso o un maestro bíblico de corte nacional estuviera de visita en la iglesia, todos eran iguales alrededor de "la mesa del Señor". Las viejecitas que no podían leer ni escribir eran tan importantes como el señor Rogers o el señor Palau. A pesar de mi corta edad, tuve la firme convicción de que no era ni más ni menos que los adultos, y aprendí en mi alma una poderosa lección que llevo en mi corazón hasta hoy.

Mi papá era siempre el mismo, tanto en casa como en la iglesia. Se levantaba temprano en las mañanas invernales y encendía el fuego para templar el ambiente. A veces nos hacía el desayuno y le llevaba una taza de té a mamá. Con frecuencia me deslizaba de la cama para verlo trajinar por la casa. Me encantaba observarlo sin ser visto. Invariablemente papá se dirigía a su pequeña oficina en la casa para arrodillarse a orar. Envuelto en una manta leía la Biblia y oraba antes de comenzar el día de trabajo. Aunque en ese entonces yo no alcanzaba a tener 8 años, regresaba a la cama con una cálida sensación de gratitud a Dios por papá.

Una vez me confesó que leía un capítulo del libro de Proverbios cada día porque hay casi tantos capítulos como días en el mes. Es algo que me quedó grabado para toda la vida y todavía trato de ponerlo en práctica. He compartido esto con amigos y compañeros de equipo, y ahora muchos hacen lo mismo. Al margen de los demás estudios y lecturas bíblicas, trato de comenzar cada día con mi capítulo de Proverbios. Y papá también me enseñó a hacerlo de rodillas.

No quiero ser legalista al respecto, pero no hay nada que se compare con estudiar la Palabra de Dios y orar de rodillas. Siempre conservo la costumbre de colocar mi Biblia y materiales de estudio sobre la cama para entonces arrodillarme, leer y orar. Ciertamente me ayuda a mantener el corazón y la mente en la actitud debida. Y a veces hasta me trae hermosos recuerdos de mi niñez.

A pesar de que en ese momento todavía no había entregado mi vida a Cristo, sabía que mamá y papá estaban en el camino de la verdad. Cuando salíamos a distribuir folletos a algún pueblo cercano, las burlas y los insultos me hacían pensar. Las procesiones religiosas cada vez se hacían más populares en las distintas festividades, y decidí que algún día los cristianos bíblicos haríamos lo mismo, pero haciendo énfasis en la Biblia y en la salvación por la fe en Jesucristo.

Un niño se fortalece cuando debe permanecer firme en su fe en el Señor frente a la oposición. Nos afianzamos en nuestra vida espiritual cuando debemos defender lo que creemos en un ambiente no creyente y hasta hostil.

Mi padre anhelaba que yo tuviera una educación amplia y exhaustiva; deseaba que me dedicara al estudio y empezara a forjarme un buen futuro. De modo que cuando cumplí 8 años decidió enviarme a una escuela de alumnos pupilos. Pasé los primeros tres años en la Escuela Preparatoria de Quilmes, a 30 kilómetros al sur de Buenos Aires y a 65 kilómetros de nuestra casa.

Recuerdo que toda la familia me acompañó hasta el colegio. A pesar de que me sentía un hombrecito, estaba un poco asustado. Sólo podía ir a casa un fin de semana al mes, y aunque mi abuela vivía bastante cerca de la escuela, no se me permitía visitarla ni llamarla por teléfono. Cuando uno ingresaba a la escuela había reglas estrictas y uno debía olvidarse de todo lo demás.

Eramos unos 50 internos en Quilmes. Había otros 200 niños y niñas externos que se nos unían para las clases durante el día. El ambiente era hogareño. Eramos cuatro muchachitos por habitación, y muy pronto me hice de amigos. Sin embargo, la nostalgia del hogar no tardó en hacerse sentir.

No quería que nadie supiera que lloraba por las noches, así que me cubría la cabeza con las mantas y leía mi Biblia a la luz de una linterna. A decir verdad no leía sino que sólo miraba los números de las hojas, pero el hecho de tener la Biblia en mis manos me daba una sensación de seguridad y quietud. Hasta llegué a aprender de memoria los libros de la Biblia leyendo vez tras vez el índice.

Al final comencé a disfrutar del lugar y me integré plenamente a todos los juegos, deportes y clases. La escuela de Quilmes se convirtió en mi nuevo hogar, y fue una buena preparación para el Colegio San Albano, al que me incorporaría en pocos meses más. La perspectiva de otro cambio producía en mí cierto nerviosismo, pero estaban por llegar las vacaciones y durante tres meses no tendría que pensar en esa nueva etapa.

Mi abuela me había avisado que papá estaba gravemente enfermo. Faltaban pocos días para terminar el año escolar y yo presentí un desastre.

CAPITULO 6

—Luis —había dicho mi abuela sin más preámbulos—, tu papá está enfermo y tienes que ir para tu casa. Nosotros iremos luego.
Aunque no me dio más detalles, tuve el terrible presentimiento de que papá había muerto o estaba agonizando. A la mañana siguiente, el 17 de diciembre de 1944, la abuela vino a buscarme a la escuela y me acompañó a tomar el tren rumbo a casa.
El viaje de tres horas me pareció interminable. No podía soportarlo. Me hubiera gustado conducir el tren para llegar más a prisa. Aunque en los últimos tres años yo había pasado gran parte del tiempo en la escuela y había visto muy poco a mi papá, lo amaba más que nunca. ¡Habíamos conversado y hecho tantos planes! No podía quitar de mi mente el oscuro presentimiento. Que yo supiera, papá ni siquiera había estado enfermo.
El tren seguía su marcha lenta y monótona. Yo comencé a recordar.
Era muy apegado a mi padre. El siempre había confiado en mí y me había tratado como a un adulto cuando me lo merecía. Sus obreros lo estimaban; sus amigos lo respetaban. Tenía don de gentes y era un excelente administrador, además de ser buen esposo y buen padre.
Tal vez haya sido demasiado serio —reía y bromeaba con poca frecuencia— pero tener que mantener a una familia desde los 16 años bastaba para hacer serio a cualquiera.
Gracias a él yo tuve muchas ventajas sobre otros niños de mi edad. Yo tenía sólo 8 años y él ya se sentaba junto a mí y me dejaba conducir su camión nuevo. Había prometido comprarme una camioneta de reparto cuando cumpliera los 18.

Recuerdo que me dejaba inspeccionar el motor y fingir que lo arreglaba, cuando en realidad lo único que yo hacía era verificar cómo estaba el aceite y tratar de volver a poner la varilla en su lugar. También me invitaba a tomar mate cocido* —tan típico en la zona del Río de la Plata— con los obreros durante sus descansos. Me sentía todo un hombre y los demás me trataban con aprecio. Era una de las formas en que papá me mostraba su cariño. Faltaba menos para que el tren llegara a Ingeniero Maschwitz. Mi incertidumbre aumentaba. Pasaban los minutos, largos y perezosos, y mis pensamientos seguían centrados en papito.

Dos años antes me había asignado un pedazo de tierra. Era la décima parte de una hectárea, pero me parecía enorme. Me enseñó a plantar, regar, cultivar verduras y cuidar flores. Tengo impresa en forma indeleble la imagen de nosotros dos, parados el uno muy cerca del otro, en medio de las flores y el maíz que habíamos plantado y cuidado. En aquel momento decidí que si papá moría no volvería a ocuparme del terreno, aquel lugar tan especial que yo había defendido como un castillo.

No encontré forma de alejar de mí el temor, ya que presentía que no llegaría a tiempo para despedirme de papá. Yo no lo sabía, pero luego de un viaje que había hecho con el señor Rogers, papá se había enfermado. El médico diagnosticó bronconeumonia. Durante diez días sufrió la falta de penicilina, tan escasa en la región en los años '40. Era el final de la Segunda Guerra Mundial, y lo poco que había se enviaba a los soldados.

Cuando el tren por fin llegó a su destino, salté de mi asiento y me dirigí a la puerta de salida. Bajé los escalones y corrí hasta casa. El aire era sofocante en ese día de verano, pero yo no podía entender cómo la gente del pueblo, impasible, mataba el tiempo tomando refrescos mientras algo terrible estaba sucediendo en mi casa.

Todo resto de esperanza que me pudiera haber quedado se desvaneció apenas me aproximé a la casa y oí los lamentos tradicionales. Algunos de mis tíos y tías no creyentes lloraban y gritaban: "¿Por qué Dios permite esto? ¿Qué va a ser ahora de Matilde y los niños?".

Mis familiares trataron de detenerme mientras cruzaba el portón de entrada, pero pasé junto a ellos sin prestarles atención y

---

*N.R: Infusión no adictiva hecha con yerba mate, una especie de té verduzco.

me dirigí a la puerta sin dar tiempo a que mamá reaccionara. Y allí por fin vi a mi padre, amarillo, hinchado, con los labios resquebrajados por la fiebre y la deshidratación. Tenía una inconfundible cara de muerto.

Corrí hasta él, ignorando a mis hermanas Matil, Martha, Ketty y Margarita. Traté de ser fuerte en medio del llanto de los demás, pero comencé a temblar. ¡No podía creerlo! Nunca más podría volver a hablar con él. Nunca más oiría su voz. Nunca más nada. Tenía un aspecto terrible. ¡Pobre papá! Lo acaricié y lo besé, pero ya se había marchado.

Mi madre —que a la sazón estaba esperando otro bebé— se detuvo detrás de mí y aturdida me puso las manos sobre los hombros.

—Luisito, Luisito, —me dijo suavemente mientras me llevaba aparte—, tengo que contarte cómo sucedió.

Traté de contener mis sollozos mientras oía su relato.

—Cuando los médicos se dieron cuenta de que no había nada que hacer, te mandamos llamar para que te apuraras a volver. Papito se estaba muriendo. Le costaba respirar, pero de pronto se incorporó en la cama y comenzó a entonar una canción.

Alcé los ojos hacia mi madre, sin poder creer lo que me estaba diciendo.

—Aunque su voz era un suspiro, en un momento tuvo fuerzas para cantar y mostrar a todos su esperanza y su fe en el Señor Jesús. Papito cantó:

Coronas hay, coronas más allá,
Hay para ti y para mí.
La palma de victoria, la palma de victoria.

—Lo cantó tres veces batiendo las palmas, como hacían ustedes en la Escuela Dominical. Luego ya no pudo sostener su cabeza erguida, se dejó caer sobre la almohada y dijo: "Voy a estar con Cristo, que es mucho mejor". Dos horas después se fue a estar con el Señor.

CAPITULO 7

Durante días e incluso años, vez tras vez pensé y medité en ese relato. Aún es un recuerdo tan vívido que a veces casi me parece haber estado allí mientras él cantaba. No hubo angustia desesperada ni pánico, sino confianza total de que él iba a estar con el Señor. Había sido un gran contraste con la escena tristemente común en que el moribundo se desespera por miedo al infierno. Me estremecía de emoción pensar que mi padre hubiese estado tan seguro de su salvación, y nunca dudé de que estuviera en el cielo.

La Palabra de Dios afirma:

> *No se turbe vuestro corazón; creéis en Dios creed también en mí. En la casa de mi Padre muchas moradas hay; si así no fuera, yo os lo hubiera dicho; voy, pues, a preparar lugar para vosotros. Y si me fuere y os preparare lugar, vendré otra vez y os tomaré a mí mismo, para que donde yo estoy, vosotros también estéis. Y sabéis adónde voy, y sabéis el camino. Le dijo Tomás: Señor, no sabemos adónde vas; ¿cómo pues podemos saber el camino? Jesús le dijo: Yo soy el camino, y la verdad y la vida; nadie viene al Padre, sino por mí.* (Juan 14:1-6)

Con todo, el dolor era más fuerte que yo y me sentía furioso con todo y con todos. No era justo. ¿Por qué mi padre había tenido que morir tan joven? Nunca más quise volver a ver el terrenito que me había regalado y ayudado a cultivar. Además desde ese entonces no he vuelto a disfrutar del trabajo en jardines.

Era duro mirar los edificios, el taller, los galpones, garajes y las zonas de trabajo cercanas a nuestra casa. Me dolía pasar junto al pequeño estudio que había sido de papá. No quería ver nada que me hiciera acordar de él. Me sentía desconsolado. Mi mundo y mi futuro habían llegado a su fin.

Era doloroso volver una y otra vez sobre el relato de la muerte de mi padre, pero no podía alejarlo de mi mente. La paz que tuvo en el momento de morir era el único aspecto un tanto positivo de toda la tragedia, y ha afectado mi ministerio y toda mi vida adulta. Mi deseo y mi anhelo es que las personas arreglen sus cuentas con Dios, resuelvan la cuestión de la salvación eterna de sus almas, y mueran felices, sabiendo que estarán con Jesús —lo cual es muchísimo mejor (Filipenses 1:23).

Hasta nuestro perro se dio cuenta de que papá había fallecido. Se acomodó junto a la puerta de la casa y se negó a moverse y a comer por varias horas. Lloró y gimió todo ese día.

Aquella noche fue horrible, siniestra. Amigos y familiares se quedaron acompañando a mamá, y a pesar de que yo no quería estar allí, entre los llantos y las flores, tampoco me quería ir. La gente tomaba café y conversaba en voz baja. No habría mucho tiempo antes del entierro, de modo que a medida que los familiares que vivían más lejos se enteraban, iban llegando durante la noche.

A muchos se les hizo duro permanecer en vela con mi madre, de manera que había gente durmiendo por toda la casa, en las camas, en sillas y hasta en el piso. Traté de comportarme como un hombrecito permaneciendo despierto toda la noche, pero al final el cansancio me venció y caí en un sueño ligero.

Había tomado una decisión: iría al entierro, estaría junto a la tumba y sería el primero en echar un puñado de tierra sobre el ataúd de papá. Se convirtió en una obsesión, pero quería ser el primero en darle el adiós final. No iba a ser fácil ya que se había dicho que sólo los adultos irían al cementerio al día siguiente.

A la mañana siguiente pusieron el ataúd en el vestíbulo, y el señor Rogers dio un corto mensaje. No recuerdo gran cosa de lo que dijo, pero sí recuerdo la atmósfera de solemnidad porque en aquellos días los cristianos aprovechaban un fallecimiento para predicar el evangelio.

Todos los vecinos se hallaban apretujados en la casa. Don Eduardo Rogers predicó sobre las palaras de Jesús: *"Yo soy la resurrección y la vida; el que cree en mí, aunque esté muerto, vivirá"* (Juan 11:25).

Si bien yo aún no había recibido a Cristo en mi vida, en ese momento tuve la certeza de que si quería volver a ver a papá, tendría que verlo en el cielo. Y muy dentro de mí sabía que lo vería de nuevo. Luego cantamos:

> En presencia estar de Cristo,
> ver su rostro, ¿qué será?
> Cuando al fin en pleno gozo
> mi alma le contemplará.
>
> Cara a cara espero verle,
> más allá del cielo azul.
> ¡Cara a cara en plena gloria
> yo veré al Señor Jesús!

Aun hoy me resulta difícil recitar las palabras de este himno sin emocionarme. Recuerdo cuánta seguridad me transmitió.

La muerte se convirtió en una realidad innegable y definitiva. Lo demás se puede racionalizar, poner en duda y discutir, pero la muerte sigue presente, real, implacable. Papá se había marchado para siempre.

El olor de las flores alrededor del ataúd todavía me sigue dando náuseas. Pero lo peor fue cuando mis tías —que se quedarían con los niños mientras los grandes iban al cementerio—trataron de impedir que me fuera.

Nos metieron a todos los niños en la cocina, mientras los casi 200 mayores subían a los autos y camiones para el viaje de veinte minutos hasta el cementerio del vecino pueblo de Escobar. Yo estaba furioso. Me daba cuenta de lo que estaba sucediendo y estaba más decidido que nunca a ir al entierro y ser el primero en darle el último adiós a mi papá.

—Es mi padre —pensé—. ¿Y acaso toda esta gente está tratando de impedir que yo me despida de él? ¿Por qué? Si hay alguien que debe estar allí, ése soy yo. Por otra parte, ahora soy el hombre de la casa.

Nadie me detendría. Los camiones y automóviles se pusieron en marcha. Me empecé a desesperar. Si me echaba a correr, no lo podría lograr porque había demasiado adultos en el camino;

además me vigilaban. Todos sabían que yo estaba rabioso y se preguntaban qué intentaría hacer.

Los primeros vehículos empezaron a moverse, y los otros se fueron poniendo en fila.

—Distrae a las tías —le dije con desesperación a mi primo Roberto—. Voy a salir de aquí.

Como le encantaban las peleas asintió con una sonrisa. Me acerqué a la ventana y me puse en posición junto al lugar por donde se abría. Roberto se colocó detrás de tres o cuatro de las niñas, y a una señal mía las tomó del cabello y empezó a tironear. Ellas comenzaron a llorar, se armó un poco de revuelo y hubo que intervenir. Mientras las tías se ocupaban de Roberto, yo me escapé por la ventana. Una vez afuera estaba decidido a que nadie me detuviera.

CAPITULO 8

La hilera de vehículos ya se había puesto en marcha cuando logré abrirme paso. Corrí hasta el portón de salida y logré que me viera Ramón, uno de mis tíos favoritos, que conducía el último camión. Al instante se dio cuenta de la situación y me hizo señas de que subiera a la parte posterior. Salté y me escondí debajo de algunos materiales. Una de mis tías llegó corriendo a preguntar dónde estaba yo, pero quienes sabían no dijeron palabra.

Como el camión de Ramón iba en último lugar, llegamos al cementerio un poco atrasados. El señor Rogers estaba concluyendo con su corto mensaje, y en ese momento me acerqué al grupo. Unos cuantos se sorprendieron al verme. Era el único niño.

Otro de mis tíos me rodeó suavemente con el brazo, queriendo consolarme en caso de que mi serenidad se desvaneciera. Yo sólo estaba esperando el momento oportuno para entrar en acción. Por fin varios hombres comenzaron a bajar el ataúd de papá a tierra. Todos observaban en silencio. Me solté del brazo de mi tío y pasé a toda velocidad entre las piernas de varios adultos, me deslicé entre otros y me abrí paso hasta al borde mismo de la sepultura. Tomé entonces un puñado de tierra y lo arrojé sobre el ataúd. El impacto produjo un sonido hueco que jamás olvidaré.

Cuando las palas se hundieron en la tierra y los demás también comenzaron a echar sus puñados sobre el cajón, me sentí desconsolado. Era horrible. Sin embargo, las palabras que había oído sobre la resurrección y el hogar celestial me daban esperanza. Papá estaba con Jesús y yo lo volvería a ver.

Aquel verano acribillé a mamá con preguntas sobre el cielo, la segunda venida de Cristo y la resurrección de los muertos. Fue una ventaja que en la iglesia le hubieran dado una base sólida porque pudo darme las respuestas claras y bíblicas que necesitaba mi alma de niño.

Mi madre tenía que luchar con su propio dolor y con la pérdida de su marido, y es posible que mis inquietudes le hicieran bien. Probablemente el hecho de recordarme y repetirme las verdades de las Escrituras era una terapia para ella misma.

La certidumbre de que veré a Jesús en el cielo es para mí algo tan real como si usted y yo hiciéramos planes para encontrarnos en Buenos Aires o en la ciudad de México. Al bajarme del avión, tendría la seguridad absoluta de que usted estará allí esperándome. Y así sucederá cuando yo muera y vaya al cielo a encontrarme con el Señor Jesús y con mi papá.

Junto con mamá aprendimos de memoria pasajes bíblicos como por ejemplo:

No se turbe vuestro corazón; creéis en Dios, creed también en mí. En la casa de mi Padre muchas moradas hay; si así no fuera, yo os lo hubiera dicho; voy, pues, a preparar lugar para vosotros. Y si me fuere y os preparare lugar, vendré otra vez, y os tomaré a mí mismo, para que donde yo estoy, vosotros también estéis. (Juan 14:1-3)

Tampoco queremos, hermanos, que ignoréis acerca de los que duermen, para que no os entristezcáis como los que no tienen esperanza. Porque si creemos que Jesús murió y resucitó, así también traerá Dios con Jesús a los que durmieron en él.
(1 Tesalonicenses 4:13-14)

Todo lo relacionado con el cielo se impregnó tanto en mi ser que desde entonces me ha fascinado predicar sobre este tema. Mis familiares y amigos dicen que predico sobre el cielo con más poder y autoridad que cuando predico sobre cualquier otro tema. Sucede que Dios me ha dado un sentido de la realidad del más allá y una verdadera pasión por las almas. Siento que mi corazón late con fuerza en mi pecho con el deseo de llevar más personas a los pies de Jesucristo, y al predicar sobre este tema glorioso vez tras vez he pensado en lo afortunado que fue mi padre al llegar allí tanto tiempo antes que nosotros. El ahora se halla en gloriosa felicidad. No podría estar mejor. Está en la misma presencia de Dios Padre y del Señor Jesús.

La historia de mi familia ha contribuido a mi motivación para el evangelismo. Saber que papá había muerto feliz también fue parte de ello. Y ver cómo mamá sufría pacientemente hizo que el valor del evangelio se tornara más vívido.

Ese verano siguiente a la muerte de papito, todo lo relacionado con la vida eterna se fijó en mi mente durante los meses antes de partir hacia la nueva escuela.

A decir verdad, no me entusiasmaba la perspectiva de ir a otro internado —el Colegio San Albano, que formaba parte del programa internacional de la Universidad de Cambridge, Inglaterra. Pero mi madre me animó, diciendo que papá ya había decidido enviarme allí y ella quería cumplir con sus deseos.

Los años que siguieron fueron en gran manera dificultosos para mi madre. Había un negocio del que hacerse cargo, papá no había dejado testamento y mamá sabía muy poco de administración. Como carecía de experiencia, no se le ocurrió nada mejor que nombrar a una persona para que se hiciera cargo de los negocios. Aquella decisión terminaría en un desastre económico.

Cuando fuimos ya mayores mamá nos contó que unos días después de que mi padre falleciera, un allegado le dijo a ella que deseaba asociarse a la empresa. Como esta persona no era cristiana, y además mamá tenía convicciones muy firmes con respecto al "yugo desigual en los negocios", le dijo que era imposible, pero que recibiría un buen salario si se convertía en administrador. El hombre aceptó.

Al comienzo todo parecía ir de mil maravillas, pero sólo al comienzo. Unos meses más tarde algunos de los empleados de la empresa le dijeron a mamá:

—Señora Matilde, abra los ojos, por favor. Aquí están sucediendo cosas raras. Ayer un camión vino a retirar una gran cantidad de mercadería, y le podemos asegurar que no era un comprador.

Fue entonces que mamá comenzó a desconfiar y a prestar atención. Don Eduardo Rogers oyó ciertas conversaciones en el pueblo acerca de nuestro negocio, y le sugirió a mamá que un contador cristiano conocido suyo investigara los libros y la situación en general después de las horas de oficina —para no despertar sospechas.

Los clientes comenzaron a disminuir ya que cada vez había menos mercadería y menos variedad. El hecho es que el dinero estaba yendo directamente al bolsillo de nuestro administrador mientras nosotros, sin saberlo, nos dirigíamos a la bancarrota.

El auditor cristiano descubrió que la situación financiera era muy delicada. Teníamos grandes deudas porque el administrador había firmado pagarés. Dios hizo que descubriéramos la verdad justo a tiempo, de otra manera tal vez lo hubiésemos perdido absolutamente todo.

Cuando las cosas salieron a la luz, el contador dijo a mi madre:
—Señora, aquí tiene usted todos los hechos. ¿Qué va a hacer con este hombre que les ha jugado tan sucio? ¿Quiere que lo mandemos a la cárcel?
—No. Voy a perdonarlo. Mi deseo es que algún día se acerque a Dios. Lo único que le voy a pedir, por supuesto, es que termine toda conexión con nuestro negocio.

En una reunión con el abogado de la familia, mamá enfrentó al administrador, quien se sorprendió tanto de haber sido descubierto que no supo qué decir. Se quedó boquiabierto cuando le dijeron a cuánto ascendían las deudas, pero no pudo decir ni una sola palabra en defensa propia.

El abogado le volvió a preguntar a mi madre qué pensaba hacer con el hombre. Con firmeza mamá dijo al bribón:
—Te perdono por este gran mal que nos has hecho, y sólo te ruego que te arrepientas ante Dios para que El también te perdone.

Resulta paradójico que durante cuatro décadas este hombre resistió a Dios con todas sus fuerzas. A pesar de que conoció el evangelio de salvación, siempre lo rechazó. Aunque un año antes de su muerte lo confronté de manera directa en cuanto a su relación con Dios, no sabemos cuál haya sido la situación de su alma en el momento de su muerte. Pero sabemos que si no se arrepintió, no tendrá excusa ante Dios.

Los días eran difíciles, y mamá recordó a una mujer que años atrás le había comentado: —Matilde, tú alabas a Dios porque tienes de todo. Un buen esposo, una linda casa, un negocio floreciente...
—Aunque Dios me quitase todo, aun lo alabaría —había sido la respuesta de mamá. Y ese momento había llegado. Ya no había un esposo maravilloso, el negocio estaba en las peores condiciones imaginables y tal vez hubiera que abandonar la casa. Sin embargo, mi madre seguía alabando y sirviendo a Dios. Durante esos años muchas veces recordó y leyó la historia de Job para confortar su alma.

CAPITULO 9

Dios usó mil maneras para asegurar a mamá que estaba a su lado y que la rodeaba con su protección y su amor. Después de un día especialmente duro en el negocio, mamá llegó a casa diciéndole a Dios: "Señor, todos me abandonan". Al entrar a la sala vio que en la pared había un texto que no había estado allí esa mañana. Mientras ella estaba en el trabajo, nosotros lo habíamos encontrado en uno de los cajones y pensamos que quedaría lindo en ese lugar. No sabíamos que era justamente lo que necesitaba mamá. Las palabras del texto eran: "No te desampararé ni te dejaré".

En otra ocasión había llegado el momento de levantar un pagaré, el tercero de esa semana. Era mucho dinero. Ese día sólo se habían hecho unas pocas ventas, y prácticamente no había dinero para pagar el documento. Los obreros lo sabían, de modo que fueron a la oficina de mi madre y le preguntaron:

—Señora Palau, ¿recuerda que hoy debemos levantar ese pagaré? ¿De dónde vamos a sacar el dinero? Casi no hemos tenido ventas.

—Sí, lo sé —contestó mamá—, pero Dios está en su trono, sabe cuál es la situación y aunque pareciera no haber una señal visible, El va a contestar. Sólo El sabe cómo.

Los obreros se miraron unos a otros pensando que mamá no estaba en sus cabales. Al poco rato llegó un caballero y pidió hablar con ella.

—Señora Matilde —dijo—, tal vez usted no sepa quién soy ni por qué estoy aquí. Déjeme decirle. Hace años me escapé a España porque aquí debía mucho dinero, pero allá me convertí a Cristo. Ahora soy cristiano y sé que usted también lo es. Empecé a trabajar duramente para regresar a la Argentina y pagar todo lo que debo. Cuando volví al país hace unos días me enteré de que su esposo ha muerto, así que decidí que usted sería la primera con quien saldaría mi deuda.

Y diciendo esto puso sobre el escritorio un cheque por exactamente la misma cantidad que mi madre necesitaba para pagar el documento vencido.

Tiempo después durante una noche entraron ladrones en todos los negocios del pueblo. Aparentemente habían estado vigilando las casas y los movimientos de la gente, pero nuestra empresa no fue saqueada. Teníamos allí el dinero de ese día ya que en el pueblo no había banco y no habían podido ir a hacer el depósito al pueblo vecino. Los ladrones con seguridad sabían que mi madre era una viuda indefensa con varios niños, y sin embargo fue como si un ángel del Señor hubiera guardado nuestra casa y el negocio.

La fe de mi madre crecía cada día, y su confianza y su gozo en el Señor eran contagiosos.

Llegó el día de partir hacia San Albano, una escuela anglicana de varones ubicada en Lomas de Zamora, al sudoeste de Buenos Aires. En la mañana todas las clases se dictaban en castellano, y por la tarde teníamos distintas clases en inglés. Era un programa intensivo ya que se cubrían dos años de estudio en cada año académico. Al concluir el programa se habría cursado el equivalente a cuatro años de estudios secundarios y cuatro de universidad.

Comencé a tomar parte en cuanta actividad había. Extrañaba a mi madre y a mis hermanas, pero como papá ya no estaba y mi interés por su trabajo y mi terreno eran casi inexistentes, San Albano se convirtió en mi hogar.

La escuela estaba dividida en tres equipos: Corinto, Esparta y Atenas. Yo estaba en Corinto. Los equipos competían entre sí en todos los niveles. Se podían ganar puntos en un sinfín de actividades. El puntaje se acumulaba durante todo el año, y el vencedor recibía premios y honores.

La escuela se caracterizaba por su rígida disciplina. Nos agradaba y al mismo tiempo fastidiaba. A medida que crecíamos aumentaba en nosotros el deseo de rebelarnos contra las autoridades escolares. Pero por otra parte nos sentíamos orgullosos de nuestra disciplina, de nuestra escuela y de nuestra educación.

Llegábamos a ser mejores amigos de nuestros compañeros que

de nuestros hermanos ya que pasábamos nueve meses al año juntos. Para mí la vida en el internado fue positiva y altamente beneficiosa. No sé qué habría sido de mí si no hubiera vivido bajo esa estricta disciplina en la que se me demandaba dominio propio.

Algunos de los muchachos mayores y más rebeldes solían escaparse sin permiso a comprar cerveza, que luego bebían a escondidas. Si los descubrían los castigaban con una varilla que picaba y ardía hasta hacer ver las estrellas.

Aunque mis notas eran bastante buenas, durante un tiempo mi actitud fue muy negativa: —Quiero estudiar cuando tengo ganas, no cuando el profesor me ordena hacerlo.

Pero fueron días felices. Nos divertíamos tanto con los maestros como entre nosotros. Yo disfrutaba todo aquello porque impedía que me convirtiera en adulto demasiado aprisa. Muerto mi padre, sentía que todos me acosaban. Tíos y tías me recordaban constantemente que yo era "el hombre de la familia", y repetían hasta el cansancio que algún día debería hacerme cargo del negocio, de mi madre y de mis hermanas. Yo sólo tenía 11 años, y sentía una gran responsabilidad por el futuro.

Además, el simple hecho de pensar en la empresa de mi padre me hacía revivir las dolorosas circunstancias de su muerte. ¿Cómo podría llevar adelante un negocio que me traía recuerdos tan difíciles?

Poco a poco comencé a darme cuenta de que la empresa no era lo que había sido en vida de papá. Mi madre comenzó a preguntarse si podría seguir pagando mi educación en San Albano. En mi interior comenzó a cundir el pánico. El colegio se había convertido en mi seguridad, en el mundo que yo conocía y amaba. ¿Qué sería de mí si debía abandonarlo?

CAPITULO 10

Uno de mis maestros, Carlos Cohen, se había convertido a Cristo. Dictaba trigonometría, historia y una clase bíblica. Esta última la enseñaba muy bien porque a pesar de tratarse de una clase de religión, Cohen se emocionaba con los Evangelios y ponía toda su alma para darles vida y practicidad. Además en su casa se reunía con un grupo de jovencitos —yo entre ellos— para estudiar la Biblia en un ambiente informal.

Durante las vacaciones de verano Cohen organizaba campamentos en las sierras con el propósito de guiar a los estudiantes a Jesucristo. El señor Cohen me habló en privado, pidiéndome que asistiera a su campamento de dos semanas en Olavarría, donde habría varios muchachos más. Yo no quería ir. La actividad sería de evangelización y tratarían de presionarme para que recibiera a Cristo. Yo comprendía las verdades de la Escritura pero aún no era un cristiano verdadero. Conocía la Biblia y todos los himnos sobre la salvación y el cielo, y si me hacían preguntas sobre mi fe, era fácil dar la respuesta correcta y evadir el tema principal.

Le dije al maestro que tendría que escribirle a mi madre a fin de que ella decidiera. Mamá me contestó que deseaba que fuera y que debíamos orar por ello. No era la respuesta que yo esperaba, de modo que no oré y decidí usar nuestra mala situación económica como excusa para no ir.

Fue un error hacer énfasis en la cuestión monetaria al hablar con Cohen porque era justamente lo que él estaba esperando. Yo simulé que deseaba ir pero la falta de medios lo impedía, ante lo cual mi maestro se ofreció a correr con los gastos, y lo hizo con tal vehemencia que me intimidó y me dejó sin saber qué decir. Había caído en mi propia trampa.

Al final del año escolar de 1946 yo ya tenía 12, y fui a casa para pasar unas cuantas semanas con mi familia antes del campamento en el mes de febrero. Estaba molesto porque me habían tomado desprevenido y me veía obligado a asistir, pero cuando llegara febrero estaría ansioso por salir rumbo a las montañas.

Mi madre me dijo con toda claridad: —Me alegra mucho que vayas al campamento, Luisito, porque no sé con certeza si eres cristiano.

—¡Pero mamá...!

Trataba de aparentar que sí lo era, sin embargo mamá siempre tuvo mucho discernimiento. No obstante, en esos meses pasé por otra experiencia que resultó traumática al extremo.

Aquel verano yo estaba ansioso por conseguir información completa e instrucción sólida sobre las muchachas, la sexualidad, el nacimiento de un niño, etc. Los compañeros más grandes en la escuela, en especial los que pasaban el fin de semana en la casa, siempre regresaban con relatos increíbles sobre las películas que habían visto o las escapadas que habían tenido con chicas.

Nosotros los más chicos los envidiábamos, aunque sospechábamos que nuestros compañeros daban una imagen exagerada e irreal. Yo estaba tremendamente intrigado con el tema. Quería saberlo todo y perseguía a mi madre pidiéndole detalles. Ella insitía en que conversaría conmigo cuando cumpliera los 13 años, pero en su interior la pobre abrigaba la esperanza de que para ese entonces alguien le hubiera ahorrado el difícil trance.

¡Cómo me habría gustado que mamá se hubiera sentido en libertad para confiarme la verdad! Siempre me sentí resentido por el hecho de que en ningún momento, ni siquiera durante mi adolescencia, un hombre cristiano me llamara aparte para tratar de sustituir a mi padre dándome consejos sobre el sexo y la tentación. La iglesia a menudo es culpable de permitir que jovencitos y jovencitas sin padres se vean forzados a aprender acerca de las cuestiones sexuales con alguien ajeno a la familia, a la iglesia y a la Palabra de Dios. Muchos son débiles y caen en pecado en gran parte por ignorancia. Estamos prontos a condenarlos y abandonarlos, alegando que deberían haber sabido algo que nosotros mismos no hemos querido enseñarles. ¡Cuántas vidas arruinadas por esa negligencia!

Aquel verano mi "consejero" resultó ser un obrero de 20 años que conducía un camión en el negocio de mi familia. Yo le estaba ayudando a distribuir bolsas de cemento, algo que me encantaba. Era un agradable respiro luego de los exámenes que había tenido que rendir. El trabajo era realmente insignificante ya que lo único que hacía era subir y bajar del camión, pero me sentía todo un hombre. Un día el muchacho, que siempre era muy amable conmigo, detuvo el vehículo a un lado del camino y sacó una revista del bolsillo. Al principio yo no sabía qué era.

—Luisito —me dijo—, como ya te estás haciendo un hombre y no tienes padre, necesitas a alguien que hable contigo sobre las cosas de la vida.

Mi corazón empezó a latir con fuerza. Me emocionaba pensar que al fin podría conseguir respuestas claras y precisas de una persona que realmente conociera el tema.

—Quiero hacerte un hombre de verdad —me dijo.

Pero en lugar de explicarme nada, abrió la revista y fue dando vuelta las páginas mientras yo observaba incrédulo fotografías de hombres y mujeres desnudos. Estaba sorprendido y asqueado, pero por otro lado no podía despegar los ojos de la revista. Nunca antes había visto algo tan revelador. Sabía que aquello estaba mal, que era sucio, y sin embargo sentía curiosidad. No podía entender lo que pasaba en mi interior. Aquello era repulsivo y provocativo al mismo tiempo. Quería verlo, pero al mismo tiempo lo detestaba.

En aquella revista había 50 ó 60 fotografías pornográficas y me sorprendió que "mi amigo" hubiera querido mostrármelas. Si al día siguiente me hubiese preguntado si quería mirar la revista otra vez, habría salido corriendo espantado.

No podía olvidar aquellas imágenes. Me sentía lleno de pecado y de culpa. Me remordía la conciencia, sobre todo en presencia de mamá o de alguna otra persona de la iglesia. Estaba seguro de que el señor Rogers era capaz de leer la culpabilidad en mi rostro.

Pensamientos impuros comenzaron a invadir mi mente. Por supuesto que soñaba con amar a una mujer y casarme con ella, pero este incidente lo había echado todo a perder. Antes había sentido curiosidad, ahora repulsión y culpa. Además, ¿por qué no había sido capaz de apartar los ojos de esa revista? Obviamente por ser tan pecador. Empecé a temer el juicio de Dios.

Me aterrorizaba la idea de que otros pudieran pensar de mis hermanas y mi madre lo que yo pensaba de otras mujeres. En mi iglesia se enseñaba la santidad y la pureza, y la vida de mamá me había hecho reverenciar al sexo femenino. Sin embargo, mis impulsos interiores se habían torcido como consecuencia de aquella basura que había visto.

En ese entonces no sabía que mi experiencia no era un caso único entre los varones de mi edad que habían tenido su primer encuentro con la pornografía. Aquello era sucio, degradante, pero al mismo tiempo atrapante. Trataba de olvidar los pecados de mi mente porque cada vez que los recordaba se me hacía un nudo en el estómago. Llegué a sentirme tan mal que la perspectiva del campamento empezó a alegrarme.

Al llegar a las sierras me encontré con varios muchachos de San Albano. Usábamos tiendas de campaña del ejército argentino. Las armamos, ordenamos y limpiamos el lugar. Los maestros nos enseñaron generalidades sobre cómo vivir sin muchas comodidades. Habría unos cincuenta muchachos, todos supervisados por el señor Cohen y varios consejeros, quienes se preocupaban por el bienestar espiritual de los acampantes. Dirigían clases de Biblia, cantos y memorización bíblica todos los días, además de los diversos juegos y actividades recreativas.

En cierta manera echaba de menos el contacto con el mundo exterior. No había siquiera aparatos de radio para poder oír los resultados de los partidos de fútbol. Estábamos totalmente aislados. En cambio nos saturaban con la Palabra de Dios y con cantos cristianos que hasta el día de hoy guardo en mi corazón.

Una mañana uno de los consejeros habló sobre la pureza sexual, pero lo hizo con un estilo ambiguo y lleno de rodeos, como muchos predicadores hacían y hacen aun hoy. Esa charla no agregó mucho a la instrucción que yo necesitaba, pero me ayudó en un aspecto. A pesar de la sutileza del mensaje, logré comprender su punto de vista sobre lo santo y lo sagrado del sexo. Una de las cosas que más me impresionó fue la posibilidad de ser puro en un mundo de impureza. Tuve esperanza de que existiesen cristianos puros, hombres a quienes pudiese imitar.

(Pero en cuanto a una charla franca y abierta sobre el tema sexual, no fue sino hasta que cumplí los 23 años que un hombre cristiano me habló claramente sobre el punto de vista bíblico en cuanto al amor, el sexo y el matrimonio, y para mí fue una sorpresa ver lo mucho que la Biblia se refiere a esas cuestiones).

Durante esos días de campamento, una de las cosas más extrañas era ver al señor Cohen en pantalones cortos y con una imagen totalmente distinta a la que yo estaba acostumbrado. Hasta parecía que el maestro tenía sentido del humor. El campamento comenzaba a gustarme, pero sabía que pronto alguien me confrontaría sobre el tema de mi fe en el Señor Jesús.

Sucedía todas las noches. Cada consejero estaba a cargo de unos diez muchachos en la carpa, y cada noche antes de ir a dormir llevaba a uno a dar una caminata para darle la oportunidad de responder sí o no al mensaje de Cristo. A la segunda noche todos supimos que tarde o temprano nos llegaría el turno porque los primeros muchachos en cada carpa nos habían dicho a los demás lo que había sucedido.

Los consejeros no presionaban a nadie. Varios de los chicos ya habían recibido a Cristo, de manera que los maestros los ayudaban a consolidar la decisión y les daban seguridad bíblica. Además estaban los muchachos como yo, criados en iglesias cristianas sólidas, que lo sabían todo pero sin embargo nunca habían aceptado a Jesús en forma personal.

Al terminar las dos semanas todos conocían el plan de salvación, incluso quienes no habían sido educados en una iglesia. Durante aquellos paseos al anochecer muchos entregaron sus corazones al Señor. Me conmuevo al pensar en lo cariñosos que eran aquellos jóvenes consejeros. Era un sistema muy eficaz ya que no se molestaba ni se forzaba a nadie, pero tampoco ninguno perdía la oportunidad de hacerse cristiano.

Por fin llegó mi cita con el destino.

CAPITULO 11

Tenía ganas de esconderme porque me ponía incómodo no haber recibido a Cristo aún, pero no podía mentir diciendo que ya lo había hecho.

Mi consejero era Francisco Chandler. A mí me parecía un viejo, pero no creo que llegara a los 20 años. Yo era el único en mi carpa con quien Francisco no había hablado, de manera que sabía que me tocaría esa noche, la última del campamento. Cuando Chandler vino a buscarme a la carpa, yo estaba bien despierto, pero me hice el dormido pues trataba de evitar la conversación.

—Vamos, Luis, levántate. Quiero hablar contigo.

Mantuve los ojos cerrados y permanecí inmóvil. Me sacudió y me alumbró la cara con la linterna. A pesar de que me quitó la manta, seguí sin moverme. Francisco sabía muy bien que yo no podía estar tan profundamente dormido, así que sacudió y empujó mi catre y yo caí al suelo. Siguiendo con la actuación, me froté los ojos como si me hubiese despertado en ese momento.

—Vamos, Luis. Vayamos a caminar un rato.

No tenía escapatoria. A regañadientes me puse los zapatos y un abrigo. La noche estaba fría. Oímos un trueno a la distancia y nos dimos cuenta de que se aproximaba una tormenta. Francisco estaba apurado. Yo no.

Fuimos caminando hasta un tronco caído. Me hizo una seña y allí nos sentamos a conversar. Había empezado a lloviznar, de manera que fue directamente al grano.

—Luis —comenzó a decir Francisco—, si murieras esta noche, ¿adónde irías? ¿Al cielo o al infierno? ¿Lo sabes?

—Sí, lo sé —contesté.
—¿Y adónde irías?
—Al infierno —dije.
—¿Y es allí adonde quieres ir?
—No.
—¿Y entonces?
—No sé...
—¿No quisieras cambiar ese destino final? —me preguntó Francisco.
—Claro —respondí.
—¿Sabes lo que tienes que hacer?
—Sí.
—¿Qué?
—"Cree en el Señor Jesucristo y serás salvo" —le dije. (Lo sabía todo. Lo he sabido desde que tengo uso de razón).
—¿Y ya has creído?
—No.
—¿Por qué?
—No sé.
—¿Quisieras ser salvo? ¿Quisieras que tus pecados fueran perdonados y saber entonces que irás al cielo?
—Sí —dije con alivio, asintiendo con la cabeza. Sabía que al admitir mi necesidad había dado un paso decisivo.

Francisco sacó su Nuevo Testamento y me hizo leer Romanos 10:9-10, y luego repitió todo con mi nombre.

—... Que si confiesas con tu boca, Luis, que Jesús es el Señor, y crees en tu corazón, Luis, que Dios le levantó de los muertos, tú, Luis, serás salvo. Porque con el corazón se cree para justicia, pero con la boca se confiesa para salvación.

Las Escrituras se hicieron claras en mi corazón, tan claras como lo habían estado siempre en mi mente.

—¿Crees que Dios resucitó a Jesús de entre los muertos? —me preguntó el consejero.

—Claro que sí.

—Entonces, ¿qué otra cosa tienes que hacer para ser salvo?

Yo dudé, así que Chandler me hizo leer Romanos 10:9 una vez más. *"Si confesares con tu boca que Jesús es Señor... serás salvo".*

—Luis, ¿estás dispuesto a confesar a Cristo con tus labios?
—Sí.

Yo ya había comenzado a llorar con lágrimas de felicidad. Francisco me dirigió en una oración sencilla en la que admití que era pecador, pedí a Dios que me perdonara y le rogué a Jesucristo que fuera mi Salvador y le abrí mi corazón.

Hacía frío y la lluvia se estaba haciendo más copiosa. En mi rostro las gotas de lluvia se confundían con las lágrimas. Francisco entonces pasó con rapidez a Juan 1:12 y me dijo:

—Esta es toda la seguridad que necesitas: *"Mas a todos los que le recibieron, a los que cren en su nombre, les dio potestad de ser hechos hijos de Dios"*.

Seguidamente oró, le di un abrazo, y nos apresuramos a regresar a nuestra carpa. Estaba empapado por la lluvia, pero el corazón parecía bailar en mi pecho. Me hundí entre las mantas y a la luz de la linterna escribí en mi Biblia: "El 12 de febrero de 1947 recibí a Jesucristo".

Estaba tan contento por haber entregado mi vida al Señor Jesús que apenas pude dormir. Sabía que tenía la salvación, que era miembro de la familia de Dios y que tenía vida eterna.

Pienso en esa noche con frecuencia, especialmente cuando la gente critica la insistencia y el uso de métodos de invitación en el evangelismo. Por cierto que no es bueno apresurar ni forzar a nadie, pero mi consejo es que cuando la persona está lista no hay que perder tiempo sino ayudarla a decidirse.

Mi madre estaba extasiada por la noticia de mi conversión, pero no así mis amigos en San Albano. No creo haberme comportado como un fanático, pero estaba tan emocionado con mi compromiso con Cristo que quería que todos lo supieran. Hasta empecé a llevar la Biblia conmigo a todas partes.

Empecé a tener una participación más activa en el grupo juvenil. Los cultos semanales a que teníamos que asistir cobraron un nuevo significado para mí. Fui bautizado y confirmado al estilo anglicano. Además entré en el coro (hasta que me oyeron cantar y decidieron prescindir de mí) y comencé a estudiar mi Biblia todos los días. También entablé correspondencia con Francisco Chandler (aún conservo las cartas) ya que le quería contar todos los adelantos en mi vida cristiana. Esperaba con entusiasmo las clases de Biblia y ponía en ellas toda mi dedicación.

La clase sobre los Hechos de los Apóstoles que dictaba el señor Cohen era excelente. Años más tarde, cuando cursé la misma materia en el seminario, descubrí que sabía muchísimo gracias a aquel semestre cuando tenía 12 años y me hallaba sumergido en mi primer amor por Cristo. No hay mente más abierta y más fácil de enseñar que la de un muchachito emocionado con su conversión.

Me hice muy amigo de Cohen y puse manos a la obra para ayudarlo con el grupo de adolescentes. Fue una experiencia hermosa, a pesar de que al mismo tiempo me separó de algunos amigos cuyas costumbres ya no me agradaban.

Aquel año visitaron nuestro grupo juvenil dos ancianas que habían sido misioneras en la China, Mildred Cable y Francisca French. Nos contaron fascinantes relatos sobre sus viajes misioneros predicando a Cristo entre los paganos. A pesar de la persecución y los abusos físicos que habían sufrido, permanecieron en el país durante años. Ese testimonio no pudo haber llegado a mi vida en mejor momento. Creía haberme convertido en un creyente que proclamaba su fe, pero ¿qué estaba haciendo en comparación con lo que habían hecho esas dos ancianas?

De pronto todo se hizo aun más fascinante. Eran las mismas misioneras sobre las cuales mi madre nos había leído narraciones cuando éramos pequeños. Comencé a buscar más libros con biografías de misioneros ya que era una inspiración leer cómo hombres y mujeres habían renunciado a las comodidades de la vida para ministrar bajo condiciones adversas. ¿La razón? Amaban al Señor y querían servirlo. Oré pidiendo que yo también fuera capaz de amar al Señor de esa manera.

Las oraciones de mis padres para que yo llegara a ser predicador del evangelio habían comenzado a dar fruto. No era consciente de ello, pero de una manera gradual el Señor estaba empezando su obra en mí. No sabía si iba a ser misionero, pero tenía muchos deseos de hacer algo para Dios.

Por otra parte, estaba recibiendo la formación más amplia posible —aunque en ese momento no sabía cuán útil sería en mi futuro ministerio. Asistía semanalmente a una de las iglesias más populares de la alta sociedad, la Iglesia Anglicana. Por otro lado, había crecido en lo que podría considerarse la iglesia más humilde y menos conformista de ese tiempo, la asamblea de los Hermanos Libres. Debido a esa diversidad de formación que Dios permitió durante mi niñez, me doy cuenta de que el Señor tuvo a bien ponerme en una posición ideal para poder amar y relacionarme con todo el Cuerpo de Cristo. Desde una de las iglesias cristianas más jerárquicas hasta la asamblea más sencilla y menos organizada. Algo que recibí de la Iglesia Anglicana fue el aprecio por la reverencia y solemnidad en los cultos de adoración a Dios, y asimismo el uso de un lenguaje hermoso en la oración. Me había sentido insatisfecho con la forma en que oraba porque me parecía que todo se limitaba a una repetición de bendiciones para mamá, mis hermanas y mis familiares. Las oraciones del Libro de Oración Común también podrían convertirse en frases repetitivas, pero qué tremenda bendición si uno meditaba en la belleza y la profundidad de su contenido. Una de mis oraciones favoritas —que aún hoy uso de vez en cuando en mis devociones privadas— era la siguiente:

> Hemos dejado de hacer
> Lo que debíamos haber hecho;
> Y hemos hecho
> Lo que no debíamos hacer;
> Y en nosotros no hay salud. *

La pérdida del primer amor por el evangelio es algo que nadie jamás ha podido explicar en forma adecuada. Les sucede a muchos. Cuando yo también perdí ese primer amor, fue como si alguien hubiera desconectado la electricidad y mis luces se hubiesen apagado. Quizás dejé que me afectara una actitud cínica y pesimista; tal vez no hice caso al consejo de mi madre quien vez tras vez me decía que debía apartarme de las influencias mundanas, y quizás también estaba cediendo a las presiones de los demás estudiantes.

Todo comenzó en un tranvía.

---

* (Libro de Oración Común, Confesión General, Oración Matutina) Traducción libre.

CAPITULO 12

Un día al regresar de la reunión de adolescentes olvidé mi Biblia en ese tranvía y no la pude recuperar. Con la Biblia también desaparecieron mi lectura bíblica, mi asistencia al grupo juvenil, mi entusiasmo por las clases de Biblia y casi todo lo que tuviese que ver con mi compromiso con Cristo. Todavía amaba, creía y respetaba el Evangelio, pero no dejaba que interfiriese en mi vida.

Yo mismo no acababa de comprender ese repentino desánimo, pero otro de los factores desencadenantes tal vez fue un bien merecido castigo que recibí del señor Cohen. Cierto día él estaba como preceptor de turno en la escuela —un temido papel cuidando de la disciplina de los alumnos, responsabilidad que los profesores se turnaban. Yo estaba en una clase de dibujo y arte y no veía el momento de que concluyera. Estaba bromeando con algunos de mis amigos cuando se acercó nuestro nuevo maestro de dibujo. Miró nuestro trabajo e hizo una observación sarcástica sobre mi horrible pintura de un árbol. Tenía razón; se veía espantosa. Yo reaccioné diciendo una mala palabra por lo bajo.

—Palau —observó el maestro—, ¿qué dijo usted?
—Oh, nada, señor. Nada.
—¿Cómo que nada? ¿Qué es lo que dijo, Palau?
—De veras que no tiene importancia, señor.
—Me gustaría oírlo nuevamente, Palau. Le pido que lo repita.
—Pues señor, verá usted... No creo que valga la pena repetirlo...
—De acuerdo —exclamó—, pero entonces tendrá que presentarse al preceptor de turno.

La clase hizo silencio y yo me quedé sin habla. Era el castigo máximo ya que uno mismo debía decir al preceptor cuál era el motivo de la penitencia, y luego debía aceptar el castigo que él estimase necesario. Llegué hasta la oficina del preceptor y vi que el señor Cohen estaba de turno. Creí que me moría.
—Entre, Palau —me dijo secamente—. ¿Por qué ha venido?
—Me mandó el maestro de dibujo.
—¿Por qué razón? —Cohen se mostraba terriblemente frío y distante, sobre todo porque me conocía bien y éramos hermanos en la fe.
—Bueno —admití avergonzado—, dije una mala palabra.
—Repítala —me ordenó.
—No, no me pida eso.
—No discuta, Palau. Le ordeno que la repita —exclamó inflexible.
No había escapatoria, de modo que bajé la cabeza y mirando hacia el suelo repetí lo que había dicho en la clase.
Al principio no pestañeó ni dijo palabra. Se quedó inmóvil, con sus ojos acerados clavados en los míos. Era evidente que estaba decepcionado. Además se lo notaba herido por toda la confianza que había depositado en mí y por la forma en que yo parecía estar burlándome. Cuando por fin habló, su voz parecía la de un juez acusador. Fue en busca de la famosa vara de castigo.
—¿Sabe, Palau? Le voy a dar seis de las buenas —señaló Cohen. Era la cantidad máxima de golpes permitida en los castigos. Me quedé helado.
—Póngase en posición. Inclínese y tóquese los dedos de los pies, por favor —me indicó el maestro, al tiempo que yo ardía de vergüenza y humillación.
—Antes de castigarlo quiero decirle algo, Palau —me advirtió—. Usted es el hipócrita más grande que haya visto en mi vida.
Yo me sobresalté. Aquello era demasiado.
—Pero señor Cohen...
—Déjeme terminar. Usted cree que siempre puede salirse con la suya con esa actitud arrogante y cínica, con ese aire de superioridad y de "sábelo-todo". Lo he estado observando y a mí no puede engañarme, Palau. Usted viene a la clase de Biblia pero es un hipócrita.
Años después alguien más me hablaría con firmeza acerca de mi actitud arrogante y cínica, y yo me acordaría de Cohen. Pero en ese preciso momento las palabras de mi querido maestro me

dolieron tanto o más que los seis golpes en las asentaderas. Por varios días sentí las molestias del castigo corporal. Me costaba trabajo sentarme y tuve que dormir boca abajo durante una semana. Por más que deseaba aparentar fortaleza, lloraba —aunque no por dolor físico. Lo que Cohen había dicho y hecho fue una buena medicina para mí, pero me llevó años darme cuenta de ello.

Durante meses en mi corazón creció un intenso odio hacia el maestro. No lo saludaba ni le sonreía; ni siquiera lo miraba. Dejé de ir a las reuniones juveniles en su casa y decidí no prestar atención en sus clases de Biblia. Teníamos que ir a la iglesia, pero en los cultos yo actuaba con indiferencia. A decir verdad, con indiferencia total.

Algo se había roto entre Dios y yo. No había perdido mi salvación, pero sí el dulce sentimiento de saberme amigo de Dios. Fue entonces que comencé a pasarme de los límites impuestos por la escuela, mi madre y la iglesia. En ese tiempo mamá creía que era pecado ir a las fiestas escolares, escuchar partidos de fútbol en la radio los domingos e incluso leer revistas de deportes ese día de la semana. Hasta ese momento yo me había abstenido de todo eso, pero de allí en adelante comencé a hacerlo en son de desafío. Volví a reunirme con mis viejos amigos, comencé a usar expresiones groseras otra vez y desarrollé una actitud negativa en cuanto a la vida en general.

En la actualidad no parece gran cosa, pero para mí era rebelarme abiertamente contra todo lo que se me había enseñado. Durante casi un año había sido un creyente feliz, animado y entusiasta, sin embargo todo cambió hasta tornarse en completo desánimo. Yo sabía que el mensaje del evangelio era cierto. No dudé una sola vez, pero mis pensamientos se dirigieron hacia lo que me parecían asuntos "más prácticos".

El negocio de la familia había ido barranca abajo. Estaba recibiendo una beca para la escuela, aunque no sabíamos por cuánto tiempo más. Bien podría quedar fuera de San Albano antes de completar los estudios por la sencilla razón de que nos era imposible costear los gastos. Nada se me ocurría más humillante. Hubiera preferido nacer en la miseria absoluta antes que volverme pobre luego de haber disfrutado de una vida cómoda. Pero aun contra mis deseos, la pobreza se hallaba a la vuelta de la esquina.

Tres años después de la muerte de papá, todo lo que teníamos había desaparecido. Cuando papá vivía, el chofer llevaba a mamá a todos lados. Ahora ella y mis hermanas vivían en una casa pequeña y mi madre estaba ocho meses atrasada en el pago del alquiler.

Fue a muy temprana edad que aprendí que los bienes materiales, el nivel social y el placer pueden desaparecer rápidamente. Un día somos ricos y respetados en la comunidad; al día siguiente, pobres y menospreciados. Así me sentía.

Aunque cuando perdí mi Biblia en el tranvía lloré, esa pérdida fue el símbolo de un enfriamiento espiritual de más de tres años. Me sentía mundano, descarriado y culpable, pero no podía salir del pozo en que me hallaba.

El hecho de estar apartado del Señor me causaba un poco de temor, y hasta llegué a preguntarme qué sería de mí. Durante el resto de mis años escolares y mis vacaciones de verano en casa, viví lejos de Dios. En lo íntimo de mi ser sabía que pertenecía a Cristo, pero consideraba más importante el hecho de que mis amigos me aceptaran.

¿Qué sucedió en realidad con mi temperatura espiritual durante aquellos últimos años en San Albano? Varias cosas. En primer lugar, no tenía la menor idea de cómo vivir una vida victoriosa. Los fundamentos que me habían enseñado eran buenos, pero estaban inmersos en una espiritualidad basada en cumplir ciertos deberes. Era legalismo sutil, pero legalismo al fin. La oración, la lectura de la Biblia y la asistencia a la iglesia no tienen valor por sí solas cuando se apartan de la verdadera fe de un cristiano. No recuerdo haber recibido instrucción alguna sobre cómo disfrutar de la vida con Cristo, hablar con El y ser feliz en El. No sabía qué era la verdadera adoración a Dios, y empecé a hastiarme de repetir costumbres a las que no les hallaba demasiado sentido.

CAPITULO 13

Aunque asumo toda responsabilidad por mi desliz espiritual, hubo algunos factores que contribuyeron a mi mundanalidad. El primero fue el creciente resentimiento que sentía hacia quienes nos llevaron a la bancarrota. Otro factor fue la atracción que nació en mí por el mundo y mis amigos no creyentes en Cristo. Me parecía que ellos se divertían mucho más que yo, y empecé a verme arrastrado a una vida de fiestas, partidos de fútbol y programas de radio —cosas que difícilmente pueden ser consideradas malas en sí mismas, pero que en mi caso particular fueron señal de mi pérdida de interés por las cuestiones espirituales.

Por otra parte, mamá estaba haciendo todo lo que estaba a su alcance para que yo continuara en el colegio San Albano. Conseguimos una beca parcial, pero ya no pude quedarme en el internado y tuve que ir a vivir con mis abuelos en Quilmes a fin de ahorrar dinero. Aquello me parecía humillante.

Sin embargo, no pasó mucho tiempo antes de que me hiciese de amigos en el nuevo vencindario. Eran buenos muchachos, pero desperdiciábamos el tiempo hablando de trivialidades durante horas. Además pasaba los domingos ocupado en cosas que nada tenían que ver con la obra cristiana, y eso me hacía sentir culpable.

Mis metas eran convertirme en corredor de autos, jugador de fútbol o próspero comerciante. A pesar de que mi familia se hallaba al borde de la quiebra y nuestro negocio estaba casi liquidado, yo aseguraba a mis amigos que la situación era floreciente y que mi madre esperaba con ansias mi regreso para hacerme cargo de la administración. Yo tenía 16 años.

En ese tiempo en que viví con mis abuelos, hacía lo que me daba la gana y culpaba a Dios por los numerosos problemas por que atravesaba la familia. El Señor no nos había abandonado, pero yo me había alejado del aquel "primer amor" (Apocalipsis 2:4-5). La situación financiera empeoró aun más, hasta el punto que mamá me informó que aunque contaba con media beca escolar, ya no podría seguir en San Albano durante mucho tiempo más. Terminaría el segundo año de la escuela superior, pero no podría cursar el último ciclo. Eso significaba no poder aspirar al programa de posgrado.

Fue un golpe sumamente difícil de aceptar. Durante años yo había alimentado el sueño de terminar ese programa. A pesar de ser un estudiante rebelde, mis calificaciones habían sido buenas y tenía la esperanza de continuar mis estudios en el extranjero. Si eso no era posible, al menos quería ir a la Universidad de Buenos Aires, lo cual también llegó a estar fuera de nuestras posibilidades. Tendría que trabajar para ayudar a sostener a mi familia que, si se liquidaba el negocio, iba a mudarse a las sierras de Córdoba.

Fue entonces cuando mi tío Arnoldo Francken (en ese momento, un joven de poco más de 20 años) tomó cartas en el asunto y mantuvo el negocio en pie tanto tiempo como le fue posible. Hizo saber que él quedaría a cargo del lugar —y en realidad lo cuidaba con puño de acero. Sin embargo, la situación financiera de la empresa estaba tan descarriada cuando el tío Arnoldo intervino, que a pesar de su buena voluntad, su brazo de acero y del trabajo arduo de todos nosotros, terminamos sin dinero alguno. Sin embargo, sus esfuerzos evitaron el trauma total, y cuán agradecidos hemos estado a él a través del tiempo.

Ocho largos años de doble escolaridad en los internados me habían dejado con un título intermedio, sin dinero y —según yo veía las cosas —sin futuro.

Todavía temía a Dios pero vivía desconfiando de El y hasta me alegraba de no haberle servido más. Me decía que el Señor no era justo y nos estaba haciendo sufrir innecesariamente. Me parecía que El tenía una deuda con nosotros. No obstante, en mi corazón sabía que este razonamiento era ilógico y que mi actitud para con Dios era incorrecta. Y además era pecado.

No me burlaba de las cosas de Dios, pero cada vez me enfriaba más. Las pocas veces que iba a la iglesia con mis abuelos, era sólo por complacerlos. Llegaba tarde y me retiraba antes de que terminara el culto. Mi desinterés había llegado al extremo.

Cuando regresaba de la escuela trabajaba con mi abuelo en su pequeño negocio. Vendíamos salsas y pescado ahumado para los restaurantes de la ciudad de Buenos Aires. Cuando por fin terminé mi último año en el colegio San Albano, había llegado a persuadirme de que a pesar de todos los reveses financieros, tenía una excelente educación y un buen nivel social —cosas que a mi parecer me convertían en alguien superior a los de mi alrededor.

Aunque trataba de convencerme de que era un joven importante, no podía olvidar la verdad marcada a fuego en mi alma: ricos y pobres, ancianos y jóvenes, cultos e ignorantes, todos nos sentábamos en igualdad rodeando la mesa de la Cena del Señor.

Ingresé al club universitario de la localidad y me compré una pipa. (Todavía me río cuando lo recuerdo). Además decidí comprar un libro muy popular sobre cómo ganar amigos, cuya técnica se basaba en hablar siempre sobre mi interlocutor y fingir interés por todos los detalles de su vida. Se requería ser farsante, algo que a mí no me costaba en absoluto. Era un farsante diplomático, aunque me odiaba interiormente por ser de esa manera.

Aunque mis amigos no eran cristianos, eran muchachos buenos. Bebían pero no se embriagaban. Lo peor que hacían era ir a partidos de fútbol los domingos, dar rienda suelta a la imaginación sobre las chicas y perder el tiempo —cosas que yo consideraba pecaminosas. También bailaban, pero el baile no era para mí. Me faltaba coordinación y me hacía sentir torpe. Ellos eran mi excusa para ser más mundano de lo que mi conciencia me permitía, pero sería injusto decir que estos muchachos hayan sido una mala influencia en mi vida. ¡Cuán distintas habrían sido las cosas si yo hubiera sido capaz de testificarles del Señor Jesús! Sin embargo, quería ser uno más del grupo. No quería que pensaran que yo era raro.

Si bien el temor del Señor en lo profundo de mi corazón impidió que cayera más hondo y cometiera algún pecado serio, estaba alejado de Dios y no quería hablar de mi fe en Cristo. Aun cuando después me arrepentí de mi proceder, siempre he lamentado no haber hablado del evangelio a esos muchachos debido a la vergüenza que me producía mi fe en Jesús. Habían pasado siete años desde mi conversión al Señor cuando la situación dio un brusco giro. La gran encrucijada tuvo lugar en la semana de carnaval.

Era febrero de 1951. En ese tiempo el carnaval era una época de abandono total para dedicarse plenamente a la diversión. La mayoría de los comercios permanecían cerrados esa semana, a menos que fueran esenciales para los varios aspectos de la celebración. Era la semana anterior a la Cuaresma y seguirían días de confesión y penitencia. Era irónico, pero durante el carnaval todo era permisible —como para contrarrestar el tiempo de austeridad siguiente.

La gente se disfrazaba, usaba máscaras y antifaces, había bailes las veinticuatro horas del día. En ocasiones se cometían orgías y excesos libertinos, pero mucho dependía del ambiente que uno frecuentara. No era extraño que un joven tuviera su primera borrachera durante el carnaval.

Yo me había aburrido de las fiestas distinguidas y las contadas diversiones que ofrecía el club universitario, de manera que me entusiasmaba la idea de una actividad más sofisticada. Con mis amigos hicimos grandes planes para celebrar la semana de carnaval. Sin embargo, mientras más lo pensaba, más intranquilo me volvía.

Sentía que si me comprometía demasiado con esta fiesta mundana, podría romper lo poco que quedaba de mi relación con el Señor. Ya llevaba un largo tiempo tratando de rechazar la autoridad de Dios sobre mi vida, y aunque mentalmente sabía que nada "podría separarme del amor de Cristo" (Romanos 8:39), en mi interior temía que Dios no me perdonara esta burla continua de todos los principios que había aprendido.

Mi relación con Dios pendía de un delgado hilo que podría cortarse en cualquier momento, me decía yo. Y entonces ¿qué? Toda esa diversión de la que supuestamente había disfrutado durante meses, en realidad sólo me había hastiado y dejado descontento y vacío —aunque no quería admitirlo.

Sabía que mi familia —especialmente mamá— oraba a diario para que yo caminara con el Señor. Llegué a la conclusión de que si participaba de las fiestas de carnaval, me vencería la tentación y caería en pecado, y el sólo pensar en ello me asustaba.

Tenía que idear algo para desligarme del compromiso con mis amigos, o de lo contrario terminaría derrotado y hundido. Estoy seguro de que el Espíritu Santo había comenzado a obrar en mi conciencia. Haber entrado en jueguitos con el mundo era una cosa, pero quebrantar abiertamente la ley de Dios era algo muy distinto, y yo no quería verme envuelto en eso. Si tenía parte con la semana de carnaval, habría ido más allá del punto sin retorno. Tenía que salir del lío en que me hallaba.

CAPITULO 14

Aquel fin de semana mis abuelos habían salido, de modo que yo estaba solo en la casa. Al día siguiente mis amigos vendrían a buscarme para ir a las fiestas. Aunque deseaba hacerlo, no encontraba fuerzas para decirles que sencillamente **no** iría. Necesitaba un motivo de peso.

Esa noche saqué una Biblia, la coloqué junto a mi cama, me arrodillé y oré a Dios.

—Señor, líbrame de este enredo. Haz que de alguna manera pueda librarme de mis amistades. No quiero ir a esas fiestas, Señor. Sácame de este aprieto y te prometo que te entregaré mi vida para siempre.

No tenía la más mínima idea de cómo Dios me sacaría de mi dilema sin tener que mentir a mis amigos. La Biblia sobre la mesita de noche, junto a la cama, era un recordatorio de mi oración sincera a Dios.

Cuando me desperté a la mañana siguiente la Biblia seguía donde la había dejado. No había habido ningún terremoto ni ningún acontecimiento sobrenatural, y los rayos de sol de ese día estival ya habían empezado a filtrarse por la ventana. Todo parecía normal, excepto una rara sensación en mi boca. No me dolía, pero la sentía entumecida.

Pensé que eran ideas mías, pero fui hasta el espejo para observarme. La imagen que vi reflejada parecía irreal. Tenía la boca tan hinchada como si me hubiera puesto una pelota de ping pong en un costado. Era ridículo. Me veía más como una caricatura que como una persona. Logré esbozar una sonrisa torcida.

—¡Dios ha contestado mi oración! —exclamé entusiasmado.
Corrí al teléfono a llamar a uno de mis amigos.
—No puedo ir al baile esta noche, ni tampoco podré ir a las fiestas durante esta semana.
—Pero Luis, ¿qué estás diciendo? Ya todo está planeado.
—Te repito que no podré ir.
—Te has vuelto loco. Voy para allá.

A los pocos minutos llegó con otros tres muchachos más. Trataron de convercerme por todos los medios. Me aseguraron que la hinchazón desaparecería. Me recordaron que habíamos hecho planes. Pero para ese entonces yo estaba seguro de mi decisión y rehusé a hacerles caso. Al final se marcharon. Era el principio del fin de mi amistad con ellos.

Sé que les debería haber dicho cuál era la razón real de mi negativa. Tendría que haber admitido que temía caer en pecado contra Dios. Eso es lo que les diría hoy. Pero en aquel momento mi situación espiritual dejaba tanto que desear que necesité la excusa de una boca hinchada para desligarme de mis amigos y del carnaval.

Hoy me avergüenza haber sido tan cobarde. Pero al menos había tomado la decisión de abandonar el mundo y me había mantenido firme. Inmediatamente fui a mi dormitorio, busqué la pipa que me había comprado y la rompí. Además decidí descontinuar mi participación en el club universitario ya que me parecía que todas las actividades giraban en torno a bebidas y bailes. Me dije que era una pérdida de tiempo.

Otra decisión que tomé fue cancelar mis suscripciones a un número de revistas que recibía. No eran malas ni inmorales; eran revistas de deportes, especialmente de automovilismo y fútbol. Sin embargo, resolví invertir mi tiempo de lectura en material más fructífero.

Me encantaba el fútbol. Conocía todos los equipos, cada jugador, cuántos goles había marcado cada uno, todos los detalles. Tenía todos esos datos en mi computadora mental, pero ese día decidí que no gastaría más tiempo llenando mi mente con esa clase de información. Decidí seguir y servir sólo a Jesús. Abandoné todos los aspectos seculares que impedían mi crecimiento espiritual.

Al día siguiente fui a la iglesia por la mañana y por la noche. Estaba tremendamente feliz de haber salido del mundo. Todo parecía distinto. La vida cobraba nuevo ánimo y volvía a tener sentido. Decidí comprarme una Biblia nueva.

—Que sea todo nuevo —me dije—, hasta mi Biblia.

¡Qué días felices y libres otra vez! Cada vez que recuerdo ésa, la segunda decisión más importante de mi vida, le agradezco al Señor por la promesa de Filipenses 1:6, *"Estando persuadido de esto, que el que comenzó en vosotros la buena obra, la perfeccionará hasta el día de Jesucristo"*. Poco a poco fui viendo y experimentando que aunque yo le fallara a Dios muchas veces, El nunca me fallaría.

En otro orden de cosas, ya era tiempo de que obtuviera un empleo para ayudar a mantener a mi familia. Como había sido buen alumno en matemáticas, economía y ciencias comerciales, uno de mis antiguos profesores me recomendó a una gran empresa internacional ya disuelta, que tenía su sede central en un inmenso edificio de una manzana entera en el centro de Buenos Aires.

Mi educación en San Albano y mi capacidad bilingüe me hicieron un candidato ideal para tal empresa. Allí me dieron trabajo y entrenamiento inicial, además de un sueldo bastante bueno para un joven de mi edad. Me encantaba tener empleo, viajar todos los días en el metro (el "subte", como le decimos en Argentina) y trabajar en la bulliciosa metrópoli que tanto amaba. Buenos Aires tenía entonces 5 millones de habitantes.

Mi trabajo en aquel lugar dificultó la ruptura con el estilo de vida que había empezado a menospreciar. El ambiente era conocido por las típicas políticas de oficina, campeonatos de golf, partidos de tenis, natación, juegos de naipes, bebidas, fiestas, y todo lo que yo había abandonado poco tiempo atrás. El entorno me molestaba ya que me había ido al otro extremo. Había probado el mundo, pero luego de haber regresado al Señor también había empezado a pensar en mi familia, que vivía estrecheces económicas en la ciudad de Córdoba (a 700 kilómetros de Buenos Aires). Miles de cosas ocupaban mi mente y mi tiempo.

Soñaba con ser abogado, cambiar el mundo y hacer de la Argentina (y por qué no también toda la América del Sur) un lugar donde la gente pobre y las viudas pudieran vivir decentemente. Me pasaba horas enteras hablando del tema, y mis amigos y parientes me advertían que estaba tomando la vida demasiado en serio. Tal vez estuvieran en lo cierto, pero por otra parte, ¿cómo podía la gente andar de fiesta en fiesta mientras otros iban a la bancarrota, sufrían engaños y pasaban hambre? ¿Cómo podían vivir despreocupados, ignorando a la clase obrera y a las viudas y huérfanos que imploraban ayuda?

Busqué la mejor manera de cambiar mi mundo, pero no estaba seguro de que el sistema empresarial del que era parte fuera la respuesta, aunque en muchos aspectos me gustaba. El entrenamiento que recibí fue magnífico; creo que nunca aprendí tanto en tan poco tiempo, y me sentía con mucho empuje. Cuando terminaba mis tareas iba a mis superiores en los distintos departamentos y los acosaba con preguntas sobre distintas áreas de sus trabajos, sobre diversas inversiones financieras y sobre todo el sistema bancario y económico. Debo reconocer que terminé bastante versado en cuestiones de comercio y de la banca mundial.

Los mejores recuerdos que tengo de aquel breve período se centran en las caminatas y en las charlas que tuve con mi tío Juan Balfour. Vivíamos en la misma casa con mis abuelos, y una vez que rompí con mis amigos mundanos, solíamos salir a caminar en la noche. Charlábamos por largas horas. Era un hombre muy espiritual y sólo tenía cinco años más que yo. Hoy sigue siendo la personificación de la humildad, y lo considero uno de mis amigos más queridos.

El tío "Jackie" (así lo llamábamos todos) y yo conversábamos y hacíamos planes en cuanto a lo que podríamos hacer para cambiar al mundo. Como él era escritor, soñábamos con una revista cristiana, y hasta hicimos proyectos para la cubierta y el armado.

(Mucho de lo que planificamos para aquella publicación se convirtió en realidad años después cuando con nuestro Equipo lanzamos las revistas CRUZADA y más tarde CONTINENTE NUEVO, de enseñanza y aliento para pastores. En el presente nuestro ministerio de literatura ha tenido una expansión extraordinaria. En nuestros veinte años de trabajo hemos publicado y repartido millones de ejemplares de distintos tipos de literatura cristiana).

Yo rebosaba de idealismo. Algún día llegaría mi oportunidad. De eso estaba convencido. Quería aprender, desarrollarme, cambiar la sociedad, pero ante todo quería ayudar a mi familia.

En mi opinión la mejor manera de hacerlo era apartarme de los viejos amigos y costumbres pasadas. Así nació en mí la idea de ser transferido en mi trabajo a la sucursal de Córdoba, cerca de mi familia, donde pudiera comenzar de nuevo a nivel social.

En Córdoba no tenía conocidos aparte de mamá, mis hermanas y mi hermanito Jorge, pero en Buenos Aires la situación no era muy diferente. Aparte del tío Jackie, no tenía amigos de mi edad. Por un lado no había muchos jóvenes en la iglesia local, y por el otro temía volver a mis amigos no creyentes por mero aburrimiento. Además ya me había resignado al hecho de que no podría hacer mucha carrera en la casa matriz de la empresa.

Decidí no volver a poner en peligro mi fe ni mi testimonio, aun cuando ello implicara arriesgar mi futuro en los negocios. No quería ser "uno más". Me negaba a asistir a las fiestas y encuentros sociales donde bebían. Por temor hasta llegué al extremo de evitar conversaciones con los que me rodeaban. A pesar de todo recibí un par de ascensos, en especial porque era bilingüe y era eficiente en las tareas que me habían asignado. Sin embargo, era tiempo de cambiar de lugar.

CAPITULO 15

Probablemente mis supervisores se rieran de mí, o incluso me despidieran, pero de todas maneras fui al departamento de personal a pedir el traslado a la sucursal de Córdoba. Los pedidos de traslado simplemente no se tomaban en cuenta, pero yo tenía una preocupación tal sobre el estado del mundo y mi propia situación espiritual, que no me importaba. Quería estar con mi familia. Correría el riesgo.

Llené una solicitud y la envié a la oficina de personal. Para mí aquella decisión fue de tipo espiritual. No me habría sorprendido si me hubieran despedido. Si ésa era la manera en que Dios me iba a sacar de una situación en la que no quería que estuviera, estaba dispuesto a aceptarla. Llamé por teléfono a mi madre y le dije que había decidido seguir al Señor a cualquier precio. No le pude prometer que eso significaría un traslado seguro a Córdoba, pero ella igualmente quedó encantada y a partir de ese momento empezó a orar por el tema.

Cuando a los pocos días recibí notificación de presentarme a la oficina de personal, mi determinación y mi confianza se desmoronaron.

—Has sido un tonto —me dije—. Te has portado como un necio. Esta gente ha sido buena contigo y resulta que ahora pides el traslado a un lugar donde no te conocen.

Pero enseguida recordé la forma de pensar y de actuar de mamá, y mi confianza se fortaleció. Aunque me despidieran, decidí que aquel sacrificio lo hacía por el Señor, y confié en que El proveería.

—¿Por qué quiere el traslado a Córdoba? —me preguntó el gerente de personal.

—Sucede que mi madre viuda, mis hermanas y mi hermanito están viviendo allá y me necesitan. Además me han dicho que en Córdoba la sucursal de la empresa funciona muy bien.

Esperé en silencio.

—¿Sabe una cosa, Palau? Va a ser algo bueno para usted. Allá podrá aprender la profesión con mucha más rapidez porque en una sucursal de ese tamaño sólo hay una o dos personas en cada uno de los departamentos principales.

—Lo que haremos —siguió el ejecutivo—, es presentar esto como si fuera idea nuestra, y así podremos justificar los gastos del traslado. Eso también equivaldrá a un ascenso y un aumento de sueldo.

Yo me había quedado sin habla. Pero eso no era todo.

—Si progresa allí tan bien como lo ha hecho aquí, Palau, dentro de seis meses lo pondremos al frente de las operaciones de importación y exportación, y al cabo de un año lo traeremos otra vez a Buenos Aires para algunas semanas de entrenamiento. En lo que a nosotros respecta, usted comenzará en la sucursal Córdoba con un puesto de mucha responsabilidad.

Yo aún no tenía 18 años.

Unas semanas antes de mi partida me hallaba en casa de mis tíos Arnoldo y Marjorie Francken escuchando un programa cristiano por la estación de radio HCJB por onda corta desde Quito, Ecuador. No oí el nombre del predicador, pero oí su mensaje y luego el llamamiento. Mientras escuchaba la predicación recuerdo que oré, diciendo: "Señor Jesús, úsame a mí también algún día a través de la radio para que otros vengan a tus pies. Gracias porque este programa ha fortalecido mi compromiso contigo".

Toda la transmisión me llenó de entusiasmo. Meses después caí en la cuenta de que el predicador había sido Billy Graham.

Siempre he dicho que las puertas grandes giran sobre bisagras pequeñas. Recuerdo un buen número de bisagras pequeñas sobre las cuales giró la gran puerta de mi vida en el pasado, pero una de las más notables fue mi traslado a Córdoba. Me cambió hasta el punto de convertirme en una persona diferente.

Muchas veces había decidido comenzar de nuevo, pero esta vez era distinto. Me estaba haciendo cargo de la familia. La influencia de mi madre sobre mí obraría nuevamente para mi bien. Me sería más fácil vivir para Dios si tenía a mamá a mi lado, ya que ella me animaría a vivir para el Señor.

Eramos una familia grande (ocho en total)*, pero teníamos alquilada una casa pequeña pues había poco dinero. La sala de estar se convirtió en mi dormitorio, y el sofá fue mi cama. Mi sueldo era bueno, pero apenas si alcanzaba para alimentarnos. Muy de vez en cuando alguien era lo suficientemente honrado como para saldar con mi madre alguna antigua deuda del negocio, pero de no ser por circunstancias especiales, el dinero sólo nos alcanzaba para lo indispensable.

No pasó mucho tiempo antes de que la importancia de mi trabajo se volviera secundaria. Por encima de todo estaba mi familia.

Además apenas llegué a Córdoba me sumergí de lleno en la iglesia local. Eran unas 130 personas, tal vez la iglesia más grande que yo hubiera visto hasta ese momento. Tenían un interesante programa de trabajo llevado a cabo por los "ancianos" y por el único misionero de tiempo completo, don Jorge Mereshian. Este de inmediato me tomó bajo su protección, y yo expresé el deseo de ser bautizado por inmersión para poder estar activo cuánto antes en la obra. Era un cuerpo muy estricto y sólido en cuanto a doctrina, y no permitían que nadie participara en el liderazgo del ministerio a menos que hubiera sido bautizado, hubiera ministrado en responsabilidades menores y llevara años estudiando la Palabra. Fue allí que me impulsaron a las calles los domingos y días feriados. Reuniones juveniles, reparto de folletos cristianos, clases para niños en diversos barrios y otras actividades fueron la "escuela" que Dios usó para capacitarme. ¡Cuánto le debo a los hermanos de Rincón 2041!

El programa de enseñanza bíblica era tan profundo y sistemático que se podía comparar a los estudios de un instituto bíblico. Yo estaba encantado. Aparte de estudiar la Palabra de Dios, comencé a devorar comentarios y libros por grandes predicadores, maestros y escritores cristianos. Muchos de los libros que leía eran ejemplares de ediciones agotadas que me prestaban los misioneros. Hoy en día, al viajar predicando por los países del mundo, reviso ansiosamente las librerías que venden libros usados en busca de más tesoros preciosos para añadirlos a mi biblioteca.

Durante un año recibí ánimo y supervisión por parte de los ancianos de la iglesia mientras estudiaba con dedicación y realizaba trabajos de tipo práctico en nuestra congregación.

* N.R: Mamá Matilde, Luis, Matil, Martha, Ketty, Márgara, Ruth y Jorge.

Trabajaba con más ahínco en mi programa de estudios bíblicos que en mi empleo —no porque fuera perezoso en mi trabajo sino porque había comprendido las tareas con rapidez y las hacía en poco tiempo. Cuando planifiqué el trabajo de operaciones de importación y exportación, me di cuenta de que podría tener mi labor terminada en unas pocas horas, y podría dedicar el resto de mi tiempo al estudio de la Biblia —con el debido permiso de los supervisores, por supuesto.

Me sentía tan lleno del Señor que estaba ansioso por tener oportunidad de transmitirlo a los demás.

CAPITULO 16

Era sábado, día de nuestra actividad juvenil en la iglesia. Quien presidía la reunión nos hizo una seña y todos nos pusimos de pie dispuestos a entonar el himno cuya melodía marcial había comenzado a escucharse en el piano. "¿Soy yo soldado de Jesús?" era uno de los himnos que más me gustaba. Siempre lo cantaba con el entusiasmo que su música exigía, pero no recuerdo haber puesto atención a la letra. De pronto me pareció que las palabras eran nuevas y se habían llenado de significado:

¿Soy yo soldado de Jesús,
Un siervo del Señor?
¿Y temeré llevar la cruz
Sufriendo por su amor?

Todo otro pensamiento quedó de lado. Fue como si Dios mismo estuviera hablando a mi corazón, diciendo:

—Luis, estás cantando acerca de ser soldado de Jesús, y sin embargo nunca haces nada por El. Nunca has sufrido por Jesús. Tanto te gustaba escuchar las historias de aquellas dos ancianas misioneras en la China... hasta las llegaste a conocer... Y ¿qué es tu vida comparada con la de esas dos mujeres?

Apenas podía seguir cantando.

—¿Qué clases de cobarde eres? —me pregunté—. ¿Acaso sabes lo que es sufrir por causa del evangelio? Te resulta sencillo ponerte de pie y cantar sobre ser soldado de Jesús, pero llevas una vida fácil y cómoda y no tienes nada de soldado.

En ese instante me di cuenta de que todo aquel estudio de la Biblia que estábamos haciendo en la iglesia, sumado al entrenamiento bajo la orientación de los ancianos y del señor Mereshian, era un llamado del Señor a servirle —y si fuera necesario a sufrir por El. También me di cuenta de que probablemente mi vida como aspirante a empresario no duraría mucho tiempo más. Tampoco sería abogado ya que no podría cambiar a mi nación ni al mundo a través de las leyes, la política o la sociología. Estas son áreas de importancia crucial, pero yo iba a tener que ser soldado de Jesús en otro sentido —en la evangelización de millares. De lo contrario tendría que dejar de cantar que era un soldado.

Hacía tiempo que ayudaba en la Escuela Dominical, y además colaboraba en la limpieza del templo. Había llegado el momento de mi bautismo y al fin podría realizar todas las actividades cuyas puertas Dios me fuera abriendo. El día en que me bauticé mi madre me regaló el libro DISCURSOS A MIS ESTUDIANTES, de Carlos Spurgeon. Una misionera amiga de mamá había sugerido que era un libro demasiado serio para un joven como yo, pero la lectura de esas páginas fue un pilar de inspiración en mi vida de servicio al Señor.

Una de las actividades más interesantes eran los cultos al aire libre. Allí fue donde comencé a aprender los rudimentos del evangelismo. Cuando se predica por las calles se tropieza con todo tipo de obstáculos: risas, burlas, interrupciones, preguntas que exigen respuestas rápidas, tacto al hablar a la gente... de todo. Al principio las reuniones eran dirigidas por don Jorge Mereshian y su hermano Jacobo. Llegábamos a los distintos barrios con altoparlantes en el techo de los automóviles. Alguien comenzaba a tocar un instrumento y a cantar para atraer a la gente. Mientras tanto el señor Mereshian trataba de encontrar una toma eléctrica para su equipo de sonido. Tenía una personalidad muy carismática, y siempre se las arreglaba para que alguien en alguna casa lo dejara usar un tomacorriente.

La primera vez que prediqué fue en uno de esos cultos al aire libre. Aunque me había preparado bien, estaba nervioso y me preocupaba más por mantener la atención de mis oyentes que por dar un mensaje con poder de Dios. Recuerdo que estaban presentes un buen grupo de mis amigos para dar la impresión de mucho público y así atraer a otros a escuchar la Palabra de Dios. Roberto Pérez, mi mejor amigo, y yo realmente comenzamos a disfrutar de aquellas reuniones en la vía pública. El era mejor orador que yo, y siempre lograba mantener el interés de la gente. Siempre estábamos haciendo planes, pero no veíamos que hubiera muchas conversiones. El entrenamiento era más beneficioso para nosotros y para nuestro futuro ministerio que para quienes nos escuchaban.

La primera vez que hablé en la iglesia fue en una reunión de jóvenes (también asistían los adultos). Eran unas 120 personas, incluyendo a mis parientes, que estaban radiantes. Yo estaba aterrorizado.

Durante varias semanas había estudiado de rodillas los comentarios de Spurgeon sobre el Salmo 1. Había orado mucho también. Además, el hecho de saber que la mayoría de quienes me escucharían eran buenos estudiantes de la Biblia, era motivo para estar aun más nervioso. Se suponía que yo iba a dar un mensaje de Dios —y lo era— aunque llegaba a través de mis labios y de la pluma de Spurgeon. Me había sentido guiado a predicar sobre el tema y estaba bien preparado, pero igualmente tenía miedo, de modo que tenía un bosquejo y algunos apuntes. Había calculado que mis pensamientos sobre el tema me llevarían unos 40 minutos, y esperaba no pasarme del tiempo que me habían asignado.

Empecé a hablar. Tenía la garganta seca. El nudo en el estómago casi no me dejaba pensar. Al final sólo leí mis apuntes casi tal como estaban y concluí en once minutos. Sentí que había fracasado —aun cuando los pensamientos de Spurgeon habían sido buenos. Pero al mismo tiempo sentí alivio porque la prueba de fuego había terminado.

Mientras tanto la situación económica en casa no mejoraba. A veces para comprar la comida en el negocio iban anotando nuestros gastos y nos permitían pagar cuando yo cobraba el sueldo. Por mi parte, usaba los trajes que mi tío Arnoldo me obsequiaba y los sacos viejos de mi abuelo. A pesar de que el dinero no nos alcanzaba, la situación difícil nos enseñó muchas lecciones. (Véase capítulo *"Aprendiendo a orar"*). Aprendí a esperar en el Señor y a confiar en El en todo. No me quedaba otra alternativa.

Mamá y yo éramos muy compañeros. Por la noche, cuando nos quedábamos solos, ella solía prepararme una taza de té y los dos nos sentábamos a charlar hasta la madrugada. Mi madre nunca perdió su sensibilidad espiritual. Para ella confiar en que el Señor nos daría lo que necesitábamos, era una experiencia que redundaba en bendición. Además siempre nos citaba las Escrituras.

Mateo 6:33 era para nosotros una realidad diaria: *"Mas buscad primeramente el reino de Dios y su justicia, y todas estas co-*

sas os serán añadidas''. Recuerdo una ocasión en que mi hermana Ketty necesitaba un nuevo par de zapatos pero no había dinero para comprarlos. Mamá comenzó a orar por la cuestión. A mediados de semana llegué a casa con un paquete que me habían dado en la oficina.

—Ketty, pruébate estos zapatos y ve si son de tu tamaño.

Ella vino corriendo, abrió el paquete y encontró un par de zapatos demasiado bonitos como para que los hubiera elegido yo. Así que todos estaban curiosos por saber.

—¿De dónde los sacaste, Luis?

—Que Ketty se los pruebe y luego entonces les contaré —respondí radiante.

Ketty no se hizo rogar y se probó los zapatos, que les quedaban como si se los hubieran hecho a medida. Me miró sonriente e inquisitiva.

—Está bien, ya les develo el misterio —dije por fin—. Cuando alguien se olvida un paquete en el edificio de la empresa, el encargado de la limpieza lo guarda hasta que el dueño viene a reclamar lo que perdió. Este paquete estuvo guardado por un año sin que nadie lo reclamara, de modo que este señor lo abrió, vio que eran zapatos de mujer y se acordó de las cinco hermanas Palau. Me dio los zapatos con la esperanza de que alguna de ustedes pudiera usarlos.

Fue una manera tangible y muy práctica en que vimos la provisión y el cuidado del Señor.

CAPITULO 17

Mis compañeros de trabajo comenzaron a llamarme "el pastor". Aunque me hallaba en una posición de influencia en la oficina y hasta cierto punto en la comunidad, no volví a negar mi cristianismo ni a avergonzarme de mi fe.

Seguí aceptando más oportunidades para predicar y enseñar en las iglesias, entre los niños, en las reuniones de jóvenes y en las calles. Siempre encontraba tiempo para estudiar teología, hasta en la oficina —sólo en los momentos de inactividad, claro está. Leía comentarios bíblicos enteros y además constantemente consultaba diccionarios bíblicos. Llegaba a estudiar cinco temas diferentes cada semana. Durante dos años don Jorge Mereshian se reunió conmigo tres veces por semana durante tres horas para enseñarme.

En la casa de don Jorge nos arrodillábamos delante de su sofá y leíamos las Escrituras. Luego él me explicaba y respondía mis preguntas. También consultábamos comentarios que otros hombres de Dios habían escrito sobre el pasaje. Cubrimos mucho terreno en aquel tiempo, y aprendí tanto de él como del estudio en sí. No creo que en un seminario pudiera haber aprendido más.

Yo había cumplido los veinte años, y los ancianos de la iglesia decidieron que los jóvenes podíamos hacernos cargo de las reuniones al aire libre. Roberto y yo encabezamos un grupo juvenil que llegó a gran parte de la ciudad. Nos turnábamos en atraer a la gente, dirigir los cantos y luego predicar. Era interesante que aunque me encantaba predicar y hablar de la salvación en el Señor Jesús, todos consideraban que el evangelista era Roberto. Decían que hacíamos una buena pareja, pero que yo debía enseñar la Biblia y mi amigo predicar el evangelio. Y así fue por un tiempo. Ibamos a iglesitas en el campo y seguíamos con nuestras reuniones en las calles de Córdoba.

Algo que nos mantenía firmes y pujantes era que creíamos con todo nuestro corazón que lo que predicábamos era la verdad de Dios. El escritor C.S. Lewis dice en su libro EL CRISTIANO FELIZ, "La gran dificultad está en hacer que la audiencia se dé cuenta de que usted predica el cristianismo únicamente porque cree que es **la verdad;** la gente siempre supone que predicamos porque nos gusta hacerlo, porque nos parece bueno para la sociedad o cosas por el estilo..."

Junto con otros dos muchachos llegamos a producir un programa radial de siete minutos, "Meditaciones Cristianas" (cuyo nombre contaba con el beneplácito de un programa homónimo que se producía en la ciudad de Buenos Aires). Salía al aire a nivel local todos los días después de las noticias de la una de la tarde. Aquello fue el comienzo de lo que se convertiría en una amplia identificación con los medios masivos, pero en aquel entonces no imaginaba que se pudiera extender. En mí estaba naciendo un arrollador anhelo de ganar a las naciones para Cristo, pero no sabía cómo hacerlo.

Mi amigo Roberto y yo nos hicimos el desafío mutuo de levantarnos temprano para orar. Vivíamos a unas pocas cuadras de distancia, de manera que acordamos reunirnos en su casa o en la mía a las cinco de la mañana. Poco a poco se nos fueron añadiendo un buen número de jóvenes para estudiar la Biblia y orar al Señor.

No era yo el único que deseaba vivir una vida cristiana victoriosa. Mis amigos también la deseaban, y la necesitábamos. Teníamos muchas debilidades. Para nombrar unas pocas, hacíamos comentarios sarcásticos, teníamos en menos a ciertas denominaciones y éramos tentados con el bello sexo. De manera que cada vez que un predicador importante venía a la iglesia, lo llevábamos a tomar un café y le preguntábamos cómo podíamos experimentar triunfo en nuestras vidas. Nunca le compartíamos demasiado acerca de nuestra **razón** para querer más victoria; simplemente admitíamos que teníamos algunas fallas.

Invariablemente la conversación terminaba en las mismas preguntas.

—Bueno, ¿leen la Biblia?

—Sí, leemos la Biblia —contestábamos. Y en realidad nos dedicábamos a la lectura bíblica. Subrayábamos versículos, memorizábamos pasajes y nos levantábamos temprano para leer la Palabra de Dios antes de ir a trabajar... pero no había resultados. A veces creíamos estar en el séptimo cielo porque nos parecía que al fin éramos victoriosos; otras veces nos sentíamos deprimidos y totalmente faltos de espiritualidad. Después de escuchar nuestra contestación, cada predicador aconsejaba: —Bueno, lean más la Biblia aun. Y oren.

A decir verdad, ya estábamos pasando bastante tiempo en oración. Orábamos de rodillas junto a nuestra cama todas las mañanas. Así que empezamos a preguntarnos: —¿Cuánto tiempo debemos orar cada día para poder vivir en victoria?

Deseábamos con el alma ser santos para Dios, por lo cual decidimos organizar reuniones de oración los viernes en la noche. Tomábamos café, mamá nos traía unos bizcochos, y pasábamos la noche cantando y orando. Cuando llegaba la mañana nos parecía que "habíamos llegado a destino". Habíamos quitado toda la impureza y nuestras conciencias estaban limpias. Habíamos sido perdonados y nos sentíamos victoriosos. Pero a la semana siguiente teníamos que volver a hacer todo nuevamente.

Les contábamos a los predicadores cuánto leíamos la Biblia y cuánto orábamos. La siguiente pregunta entonces era: —¿Están trabajando para el Señor?

¿Si trabajábamos para el Señor? Repartíamos diez folletos por día. Los fines de semana teníamos reuniones al aire libre y clases para niños, y predicábamos cada vez que se nos presentaba la oportunidad. Sin embargo, nos faltaba algo. Orábamos más, leíamos más y trabajábamos más, pero espiritualmente éramos un desierto.

Yo era el rey de los legalistas. Era esclavo de mi esfuerzo en la carne a pesar de que anhelaba caminar en el poder del Espíritu. La disciplina es buena, pero en la agitación de la actividad había poco sentido de victoria, de unción o de verdadera libertad espiritual.

En nuestros momentos de estudio, oración y trabajo, teníamos una determinación inflexible. Sabíamos que el poder debía venir del Espíritu, mas no lo estábamos experimentando. Seguíamos buscando con desesperación. Yo estuve a punto de claudicar, no porque Dios me hubiera fallado sino porque estaba agotado de luchar en mis propias fuerzas. Sabía que la vida sin Cristo carecía de esperanza, pero uno siente un tremendo vacío cuando sabe que está buscando en el lugar debido y la respuesta no aparece.

Al mirar atrás me doy cuenta de que el consejo que recibíamos en realidad nos hacía más débiles. Eramos incapaces de vivir la vida cristiana victoriosa —por la misma razón que también hoy muchos son incapaces. Inconscientemente tratábamos de obtener victoria por nosotros mismos en lugar de confiar en el Cristo viviente que nos lleva siempre de triunfo en triunfo. Vez tras vez nos decían que leyéramos la Biblia, oráramos sin cesar y trabajáramos para Cristo. Nuestros consejeros prometían que si hacíamos estas cosas, seríamos cristianos felices y victoriosos.

La verdad es que, por más importantes que sean estas actividades, no son suficientes. Por supuesto que los cristianos victoriosos leen la Biblia, oran y trabajan para el Señor. Sin embargo, lo que **hacemos** no es la base del triunfo en la vida cristiana, algo que nadie nos advirtió cuando éramos jóvenes en busca de la victoria. Ninguno de aquellos grandes hombres de Dios jamás nos dijo:

—Miren, el secreto no es leer ni orar ni trabajar para el Señor. El secreto es que Cristo vive en ustedes y ustedes tienen en realidad Su sabiduría, poder y recursos divinos porque El vive en sus vidas.

Y porque yo era ignorante de esa verdad, no sabía cuánto tiempo más podría aguantar la constante frustración espiritual.

Gálatas 2:20 afirma:

> *Con Cristo estoy juntamente crucificado, y ya no vivo yo, mas vive Cristo en mí; y lo que ahora vivo en la carne, lo vivo en la fe del Hijo de Dios, el cual me amó y se entregó a sí mismo por mí.*

CAPITULO 18

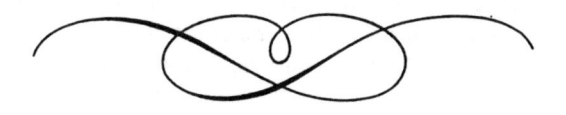

Me habían nombrado superintendente de la Escuela Dominical y empecé a trabajar con denuedo para que ese departamento estuviera bien organizado. Muchas de las ideas provinieron de la lectura de materiales que los misioneros me obsequiaban. En una publicación bautista descubrí un concepto que me fascinó, la idea de la escuela bíblica de vacaciones.

Hacía tiempo que me había estado preparando con cursos de APEN,* la Alianza Pro-Evangelización del Niño. Dos de las misioneras —Theda Krieger y Margarita Tyson— eran verdaderos baluartes e hicieron gran impacto en mi vida. Ellas mostraban tal amor por los niños y tal fe en las clases de preparación, que convencí a algunos amigos y a mis hermanas para que juntos asistiéramos al entrenamiento. Una vez que lo completamos nos sentimos listos para organizar la escuela bíblica de vacaciones.

Conseguimos que nos prestaran un ómnibus y llevamos a los jovencitos de la zona a un lugar en el campo, entre los árboles, donde funcionaría la escuela. Yo la dirigía y además tenía a mi cargo una clase de unos diez varones, los más grandes del grupo. Cuando tres de ellos se rindieron a Cristo al final de la semana, había nacido en mí tal pasión por las almas que me sentía a punto de estallar. Esta pasión por los perdidos nunca ha menguado. Cada vez que en nuestras campañas veo a centenares de personas respondiendo a la invitación de aceptar a Cristo, me gozo en el

---

* N.R: En Argentina, LAPEN (Liga Argentina Pro-Evangelización del Niño).

Señor porque nos usa para llevar a cabo su Gran Comisión: *"Por tanto id, y haced discípulos a todas las naciones, bautizándolos en el nombre del Padre, y del Hijo, y del Espíritu Santo; enseñándoles que guarden todas las cosas que os he mandado; y he aquí yo estoy con vosotros todos los días, hasta el fin del mundo. Amén."* (Mateo 28:19, 20). No hay nada más emocionante.

Pero las luchas seguían. Habíamos tenido la esperanza de que el hecho de ser cristianos activos disminuiría las tentaciones que atacan normalmente a los jóvenes. No era así. Estábamos esperando más de lo que la Biblia prometía.

Empecé a preguntarme si tal vez yo no sería un caso sin remedio. Quizás era tan poca cosa como ser humano que Dios no podía darme la victoria. Me sentía caliente y frío al mismo tiempo. Mi corazón ardía de amor a Dios y sentía la responsabilidad de compartir a Cristo con otros, pero todavía seguía añorando la paz interior y el descanso en El. Lamentablemente varios de mis compañeros en el grupo de jóvenes abandonaron todo (y siguen apartados de los caminos del Señor hasta el día de hoy). Se nos unieron otros, pero siempre me dolió que luego de un par de años el núcleo original se disolviera.

Consideré el asunto en oración, y a pesar de mi frustración me prometí que no cejaría en mi búsqueda hasta encontrar la respuesta. Tampoco permitiría que esa búsqueda de victoria en mi vida fuera un impedimento para compartir el mensaje de Dios con quienes tenían una necesidad más crítica que la mía.

Con don Jorge Mereshian aprendí a amar la visitación a los enfermos y los necesitados. Comencé a asistir a un hogar cristiano para ancianas y decidí que, por así decirlo, sería el pastor. Por supuesto nunca comenté con nadie esto de sentirme "pastor", pero me di a la tarea de reunir a varios amigos, con quienes durante tres años visitamos este hogar todos los sábados para tener cultos con las ancianitas que allí vivían. Fue un excelente ejercicio espiritual. Enseñábamos la Palabra, dirigíamos himnos, organizábamos el programa con otros músicos y en ocasiones hasta llevábamos ropa y comida para las viejitas. Aquella era "mi pequeña congregación" y la amaba.

Empecé a conocer y a interesarme por cada una en particular. Cada una tenía sus propias necesidades. Una noche, la hermana de una viejita francesa había fallecido, y ella me pidió que le hiciese compañía junto al ataúd. Mientras estábamos allí solos con la difunta, la anciana me dijo:

—Luis, en Francia tenemos una costumbre, y yo le prometí a mi hermana que la cumpliría.
—¿Qué costumbre? —pregunté.
—Tenemos miedo de ser enterrados vivos, así que le aseguré a mi hermana que si ella moría antes que yo, me iba a asegurar de que en verdad estaba bien muerta. La costumbre es flexionar un músculo para comprobar la ausencia de reflejos. Si no hay respuesta, quiere decir que la persona en verdad está muerta.
—Bueno, es sencillo. Vamos a golpearle la rodilla, como suelen hacer los médicos —sugerí.
—No, no bastaría con eso. Si sólo está inconsciente tal vez no reaccione a ese impulso.
—¿Qué quiere hacer entonces, abuela?
Puso la mano en su bolsillo y sacó una aguja larga.
—Si le pinchamos la planta del pie con esta aguja y no reacciona, entonces sabré que ha muerto. Pero, ¿sabes, Luis? Es mi hermana y no me siento capaz de hacerlo. ¿Podrías hacerlo por mí, por favor?
—¡Oh, Señor! —me dije—. Las cosas que la gente pide de uno...
No tenía escapatoria. Tenía que cumplir con el pedido de la anciana. La mujer había estado muerta por varias horas, pero eso no hacía las cosas más fáciles para mí. Me acerqué al ataúd, levanté uno de los pies de la fallecida, y con los ojos cerrados enterré la aguja, que se delizó con toda facilidad casi hasta el hueso. No hubo movimiento alguno.
—Ahora sé que mi hermana está con el Señor —dijo la viejita agradecida mientras me daba un beso—. Gracias, Luisito.
Por suerte mis otras experiencias en el asilo de ancianas fueron más "normales".
Yo seguía leyendo la Biblia y orando, pero no veía frutos en mi ministerio. Nada de lo que hiciera parecía cambiar las cosas. Estaba hastiado. Me había inspirado en lo que leía y oía de otros evangelistas, pero era evidente que me faltaba algo. Un buen día llegué a la conclusión de que no tenía el don de evangelismo. Decidí ponerle un plazo a Dios. No podía comprender por qué no había bendición en mi ministerio. Le dije al Señor: "Si a fin de año no me das algún convertido por mi predicación, abandono todo". Traté de convencerme de que podría ser un cristiano obediente aunque pasase por alto la gran comisión y sólo me dedicase a enseñar a otros creyentes.
Faltaban seis semanas para fin de año. Diciembre llegó, pasó,

y cada día mi depresión se hacía más profunda. Los convertidos no aparecían. Me dije que le había dado a Dios tiempo suficiente para manifestarse. Estaba decidido. Dejaría de predicar. No valía la pena. Era obvio que o bien no estaba lleno del Espíritu Santo, o no había sido llamado, o no tenía los dones necesarios.

Un sábado por la mañana durante la primera semana del año nuevo, compré un ejemplar del libro EL SECRETO DE LA FELICIDAD por Billy Graham. Cerré la puerta para que no me molestaran mis hermanas y sus amigas, que estaban en la cocina, y me acurruqué en el sofá para leer. Estaba tan desalentado que los pensamientos sobre las bienaventuranzas de Mateo 5 fueron un bálsamo. A pesar del pozo en que me hallaba, mi mecanismo de aprendizaje se puso en acción y casi sin advertirlo comencé a memorizar algunos de los puntos que observaba en cada bienaventuranza. Aún lamentaba la pérdida de mi ministerio de evangelización, pero de todos modos pude aprovechar la lectura.

Esa noche los hermanos de la iglesia habían organizado un estudio bíblico casero. No tenía deseos de asistir, pero lo hice por amor a los ancianos ya que lo menos que podía hacer era apoyarlos. Otros hacían lo mismo cuando yo predicaba.

Me vestí con lentitud y casi por inercia llegué a la parada de ómnibus. Ni siquiera me había molestado en llevar mi Biblia. Una vez allá cantamos varios himnos, esperando al predicador que no llegaba. Como tampoco había predicador suplente, uno de los ancianos finalmente se acercó y me dijo en voz baja:

—Luis, vas a tener que predicar tú. No hay nadie más.

—No, no quiero predicar. Estoy muy deprimido.

—Pero Luis, es que no hay ningún otro. Tendrás que hacerlo.

—Por favor, hermano —protesté débilmente—, esta noche no sabría de qué hablar. Ni siquiera traje mi Biblia.

El hombre me dio una Biblia y pasó por alto mis excusas. El era uno de los ancianos de la iglesia y yo tenía que limitarme a obedecer. Apenas me dio tiempo para suspirar una oración. Mientras me ponía de pie, decidí que me limitaría a leer las bienaventuranzas y después —sin apuntes ni notas de ningún tipo— vería cuántos de los puntos del libro de Billy Graham podía recordar. Hablaba sin entusiasmo y me sentía un hipócrita. Pensaba en lo horrible que era estar fingiendo.

Leía un versículo y repetía el comentario de Billy Graham. Leía otro versículo, y seguía repitiendo lo que me acordaba del libro. Por fin llegué a *"Bienaventurados los de limpio corazón, porque ellos verán a Dios'*, y añadí unos pocos comentarios. De pronto una señora no cristiana del vecindario se puso de pie y comenzó a llorar. Yo no comprendía lo que estaba ocurriendo.

—No tengo limpio el corazón —sollozaba—. Eso quiere decir que nunca veré a Dios. Ayúdenme, por favor.

No recuerdo el nombre de la mujer, pero jamás olvidaré sus palabras: "Que alguien me explique cómo hacer para tener un corazón limpio". Leímos varios versículos de la Biblia y allí en esa reunión la mujer encontró paz con Dios y se fue a su casa con un corazón limpio, lleno de alegría celestial.

¡Y pensar que fue el resultado del bosquejo de un mensaje que en realidad no era mío!

Lo que aprendí con esa experiencia fue algo que había estudiado tiempo atrás y debería haber tenido presente: es el Espíritu Santo quien convence de pecado y convierte a las almas. Yo era sólo un instrumento de Dios. Dios me usaba a pesar de mí mismo, y me usaba en su tiempo, no en el mío.

Cuando la reunión terminó decidí caminar hasta casa. Iba alabando al Señor porque había decidido utilizarme otra vez.

CAPITULO 19

Pero a pesar de mi alegría y de que lo que más deseaba en el mundo era servir a Cristo, seguía con temores por mis terribles altibajos espirituales.

Durante las reuniones de oración con otros hermanos de la iglesia, comencé a poner por escrito los pensamientos que sentía me iba dando el Señor. Tenía páginas enteras repletas de apuntes que, entre otras cosas, reflejaban mi propia impaciencia. En nuestra iglesia éramos más de un centenar de creyentes que predicábamos en las calles, dábamos testimonio, repartíamos folletos y hacíamos visitación. No obstante, no podíamos decir que estábamos llegando con el mensaje de Cristo a los 800.000 habitantes de la ciudad.

Había varias iglesias fieles a la palabra de Dios, pero yo sentía que no estábamos logrando un impacto significativo. No llegábamos a tocar la clase media, y ni hablar de la alta. Pedíamos grandes cosas en nuestras oraciones pero lo que hacíamos no estaba a la altura de lo que pedíamos. Me pareció que, además de orar, debíamos comenzar a actuar.

En mí siguió creciendo el deseo de ganar almas para Cristo. Si había un área por la que podría llegar a multitudes, esa área era el evangelismo masivo. A pesar de que los demás todavía me veían como el joven maestro de la Biblia, comencé a verme como evangelista a las masas.

En la tierra había más habitantes que nunca, y si Dios deseaba que ninguno pereciera —tal como lo declara en 2 Pedro 3:9 y 1 Timoteo 2:4,5 —centenares, millares y aun millones deberían entregarse a Cristo. ¿Por qué no podíamos tener un gran avivamiento y ver a centenares de miles acercarse al Señor Jesús? América del Sur por cierto lo necesitaba. Había oído que estaba sucediendo en otras partes del mundo, así que no era imposible. Llegué a convencerme de que mi sueño no estaba muy lejos de convertirse en realidad.

Yo quería tener parte en la demostración de que Dios seguía teniendo poder. Al mundo le impresionan las grandes multitudes. No creía ni creo en estadísticas por lo que significan en sí mismas. Tampoco creía ni creo que se deban reunir grandes multitudes para demostrar que el evangelista tiene poder de convocatoria. Pero sí creía y aún sostengo que las grandes multitudes responden al mensaje porque son movidas por el Espíritu de Dios. Me habían dicho que los convertidos en campañas masivas eran débiles y superficiales. Otros me aseguraban que ese tipo de evangelismo no era para nuestros días. Sin embargo, sentía en mi corazón que el Señor estaba reafirmando mi convicción de que la evangelización masiva era válida y fructífera.

—¿Acaso hay alguna razón por la que no podamos ver un avivamiento en Argentina? —me preguntaba vez tras vez. Un pequeño número de convertidos a Cristo podría iniciar un cambio radical en el rumbo de una nación. Además a través del evangelismo masivo se podría elevar el nivel moral y ético de un país. La historia lo confirmaba.

Incluso en nuestra experiencia como equipo de evangelización, llegaría el momento en que seríamos testigos de conversiones de personas claves en la política. Tales conversiones me hicieron sentir gran necesidad de llegar a países enteros. Desde jovencito mi anhelo ha sido ver no sólo a personas que se salven del infierno, sino también ver naciones que reciban el impacto del evangelio del Señor. (Véase capítulo *"Predicando a gobernantes"*).

Para mí el razonamiento es simple. La gente debe comprender la **esencia** del mensaje del evangelio. Tal vez por eso dedico tanto tiempo a predicar sencillamente la salvación por medio de Jesucristo, la obra de la cruz y la poderosa resurrección de Jesús.

Yo soñaba con que América Latina fuese alcanzada para Cristo, pero alcanzada en gran escala. Con eso en mente, el ministerio que llevábamos a cabo era muy pequeño. No quiero decir que no haya sido un buen ministerio. No criticaría un trabajo por la mera razón de ser pequeño. Sin embargo, si podemos hacer más, si podemos trabajar a fin de que más almas se entreguen a Cristo, entonces hay que hacerlo. Hay que ganar a millares. Hay que fundar más iglesias locales.

Creo en el evangelismo personal. Además lo practico y lo enseño, pero también reconozco que es sólo el complemento de un movimiento más integral. La historia y la experiencia demuestran que una nación con varios millones de habitantes no se puede convertir a través del evangelismo personal exclusivamente. En algún momento la cadena habrá de detenerse y la multiplicación habrá de cesar. Por medio del evangelismo personal se preparan los cimientos, pero es necesario movilizar multitudes, estremecer la opinión pública e influir sobre la manera de pensar de la sociedad a través de los medios de comunicación.

No se puede cambiar una nación con métodos tímidos. **Hay que desafiarla, darle respuestas e inundarla con la verdad.**

Mirando atrás a los muchos años de ministerio y escudriñando mi corazón, me he preguntado si mi motivación de los primeros años no provenía de un íntimo deseo de lucimiento personal. No; en realidad no creo que estuviera buscando fama ni renombre.

Por otra parte, reconozco que es fácil volverse egocéntrico, por ello mi oración siempre ha sido: "Señor, si me descontrolo o me interpongo en el camino, humíllame. Endereza mis pasos para tu honra y gloria". Cuando caigo en la cuenta de que mis sentimientos y satisfacción personal se interponen en el camino, los entrego a Dios pidiéndole que constantemente me recuerde quién soy y quién es El.

Mi integridad no me permite decir que vivo sólo para la gloria de Dios. Ojalá fuera así, pero todavía soy humano. De modo que vez tras vez le digo al Señor: "Ayúdame a que **todo** lo que realizo sea agradable a tus ojos; que **todo** lo que haga, lo haga por amor a ti". El Señor conoce las más íntimas motivaciones de mi alma, y a través de los años una promesa me ha dado confianza: *"El que comenzó en vosotros la buena obra, la perfeccionará"* (Filipenses 1:6). El irá quitando de mí todos los vestigios de aquello que lo deshonra y no trae gloria a su nombre.

No podemos vencer los impulsos humanos por nosotros mismos. Todo aquel que diga o crea haber vencido a su propio yo, se está engañando. Es Cristo que vive en mí (Gálatas 2:20) quien nos invade y subyuga, quien nos controla y dirige. Y es un proceso de crecimiento que dura toda la vida.

Mientras más oraba y leía sobre el evangelismo masivo, más me convencía de que era lo que Dios deseaba para mí.

Seguí estudiando con más celo que nunca. Me encantaba mantenerme al día en cuanto a las tendencias del evangelismo. Amaba el estudio de la Biblia. Quería conocer más teología. Anhelaba estar al tanto de los distintos métodos de predicación y evangelización. Quería saberlo todo.

La memorización de pasajes de la Escritura se convirtió en parte integral de mi estudio. Además organizaba mis días como si fueran clases. Como no entraba al trabajo hasta cerca de mediodía, dividía la mañana en cuatro períodos de una hora para estudiar una materia durante cincuenta minutos, tomar un descanso de diez, y seguir con otra materia. Estaba estudiando tres libros diferentes de la Biblia al mismo tiempo, además de algo de teología general.

Alguien me dio un viejo curso por correspondencia del Instituto Bíblico Moody. Lo devoré durante una hora diaria. No envié mis exámenes para que fuese corregidos pero respondí todas las preguntas y memoricé todos los versículos que se habían incluido. Fue un magnífico aprendizaje sobre los varios aspectos del evangelismo personal, la distribución de folletos, los cultos de oración y los bosquejos de sermones.

Durante dos años estudié varias horas al día, cinco días a la semana. A menudo casi lloraba de frustración cuando tenía que dejar los libros para ir a trabajar. Además del estudio en casa continuaban las oportunidades de ministerio en la iglesia local, en nuestro programa de radio y en las reuniones de oración con mis amigos. Sin embargo, cuestionábamos que el evangelio que tenía tanto poder para convertir a los perdidos, también tuviera poder en nuestras vidas de creyentes. A veces me pregunto cómo nos fue posible perseverar en medio de tantas luchas interiores. Pero Dios seguía con su mano sobre nosotros.

Con frecuencia escudriñaba mi corazón y me decía que podría someter mi orgullo si me dedicaba al evangelismo masivo sólo a nivel local —una iglesia, una ciudad, tal vez una región. Por otra parte no me interesaba la idea de ser el único evangelista. Quería trabajar en equipo. Me daba cuenta de la importancia de contar con compañeros que con sus dones espirituales complementaran mi don. Así fue como surgió el primer grupo de evangelización en nuestra iglesia, con Rolando Mereshian que dirigía los cantos, Cacho Issa que tocaba el acordeón o el armonio, Brus del Monte que cantaba y tocaba instrumentos de viento, y yo que tenía a cargo la predicación.

Seguía soñando y orando.

CAPITULO 20

Me senté en un banquillo dispuesto a comenzar mi charla con los televidentes. Debería acordarme de mirar a la cámara constantemente. Sin nervios y con la sorprendente seguridad de un veterano, comencé a hablar cuidando hasta el último detalle. La voz, las inflexiones a medida que avanzaba en el tema, el movimiento de las manos, la postura, la sonrisa cordial, la naturalidad. Era emocionante.

No se engañen. La escena no tenía lugar frente a las cámaras de televisión nacional sino en mi dormitorio, frente a un espejo, y por cierto que a puertas cerradas. La audiencia era imaginaria. Unos días atrás había leído un artículo sobre el invento de la televisión, y había aprendido que el hecho de hablar mirando a la cámara le da al televidente sensación de intimidad, la impresión de que se lo está mirando a los ojos. Me pareció sorprendente y prometedor, y me dije que debería comenzar a practicar ya que sería un medio inigualable para llegar con el evangelio de Jesucristo a todos los segmentos de la sociedad. Cualquiera me hubiera tomado por loco, sobre todo en ese tiempo en que la televisión estaba en su inicio. De manera que mantuve en secreto mis experimentos y ensayos frente al espejo de mi dormitorio.

Mientras practicaba, pensaba, oraba y soñaba con llegar a millones de hogares. En mi corazón estaba convencido de que algún día predicaría por televisión el glorioso mensaje de Cristo crucificado y resucitado, y quería estar preparado para que el Señor pudiera usarme para su gloria. (Este principio de preparación es bíblico y se advierte con claridad en Proverbios 6:6-11, Proverbios 24:27 y 2 Timoteo 2:16, como así también en 2 Timoteo 3:14-17 y 1 Pedro 3:15).

Aunque parezca extraño, cuando años después por fin se abrieron las puertas de la televisión y apareció la oportunidad de presentarme ante las cámaras, lo hice con toda naturalidad, confiado, porque desde hacía largo tiempo Dios había puesto en mí la inquietud y me había ido preparando para la ocasión. Era un gran sueño. Otro más, cristalizado.

Pero mientras tanto no sabía qué hacer. Las horas del día no me resultaban suficientes para todo lo que quería realizar. Mi trabajo secular estorbaba en mis deseos de servir al Señor de tiempo completo, pero no podía darme el lujo de renunciar ya que no tenía otra fuente de ingresos.

Sin embargo cada día pensaba y soñaba con la evangelización a multitudes, a pesar de que pocos a mi alrededor creían que se pudiera lograr una evangelización continental. Por mi parte, trataba de mantener la objetividad en mis apreciaciones.

Varios de los jóvenes de la iglesia seguíamos constantes en nuestro celo por alcanzar a los perdidos, de manera que los ancianos de la congregación nos animaron a comprar una gran tienda de campaña a fin de organizar encuentros de evangelización para atraer a la gente que no quería llegarse hasta la iglesia. Mientras se hiciera todo de manera apropiada y se dejaran de lado los llamados de invitación a pasar al frente en público, los Ancianos estarían de acuerdo. Los creyentes que formaban parte de las asambleas de los Hermanos Libres en ese tiempo no acostumbraban a hacer invitaciones en la predicación, básicamente porque creían que la decisión de una persona en tales circunstancias no podía ser genuina.

Muchos predicadores de ese tiempo aconsejaban hacer invitaciones públicas para que la gente recibiera a Cristo. Sin embargo, yo estaba tan convencido de que hacer un llamado de ese tipo era en realidad apelar a las emociones, que opté por eliminarlo de mis principios. Nos habían contado historias de evangelistas que predicaban durante 20 minutos y luego pasaban media hora implorando a la gente que recibiera a Cristo.

Además había predicadores agresivos e impulsivos que pedían que se pusieran de pie quienes querían ir al cielo, mientras quienes preferirían ir al infierno podían permanecer sentados. Yo lo consideraba despreciable. Para mí era evidente que estos hombres querían lucirse a expensas de altos números de conversiones, y no dudaban en manipular a la gente para que tomara una decisión. Los hermanos de mi iglesia estaban en contra de esa técnica y yo también —al menos llevada a cabo de esa manera. Ahora bien, la historia demuestra que Dios se mueve en formas misteriosas y salva a la gente incluso a través de métodos "poco sabios", humanamente hablando. Los propósitos de Dios no son frustrados por las debilidades de sus siervos. ¡Alabado sea Dios! (Isaías 46:9-11).

Uno de los creyentes nos ayudó a comprar la carpa y a montarla en uno de los barrios. Tenía cabida para poco más de cien personas, de manera que hacíamos reuniones de niños por las tardes y campañas evangelísticas por la noche.

Desde el principio muchos de los cristianos de la zona venían a apoyarnos, a gozarse. Su presencia ayudaba a que la gente inconversa se sintiera más cómoda en un grupo numeroso. Nos llevaba mucho tiempo y esfuerzo mantener la carpa limpia y en buen estado, pero nos divertíamos y aprendíamos en grande.

Tengo hermosos recuerdos de esos días y de nuestro ministerio con Manuel Boyadjian (hoy misionero en Unquillo, Córdoba), José González (también trabajando de tiempo completo en la evangelización), Josefa Degannantonio de Budini (quien junto con su esposo también sirve en la obra misionera), y de extraordinarios muchachos como Eder Canelo, Cacho Issa, Juan Bozian, Manuel Sánchez, Francisco Marra, Pablo Ruiz, Jesús Mansilla y los hermanos Rolo y Benny Mereshian —hoy todos líderes activos en sus iglesias.

Era emocionante predicar el evangelio en esas reuniones. Estaba convencido de que era un entrenamiento para cosas aun mayores. Según me cuentan, predicaba con voz recia y gesticulaba de manera casi exagerada. Así las cosas, todo lo que quería hacer era estudiar, orar y luego predicar para guiar a más personas a Cristo.

Como tenía muchas responsabilidades en el ministerio, pasaba largas horas de rodillas, orando y estudiando la Palabra. Fue durante esas horas a solas con el Señor que comencé a vislumbrar con claridad el evangelismo masivo. No podía quitar de mi mente las imágenes de predicar algún día en grandes estadios, frente a millares de personas, y sabía que a su tiempo sucedería. El Señor lo había puesto sobre mi corazón. Lo afirmo convencido porque por mí mismo me encontraba imposibilitado de realizar tal labor.

Eran varios los aspectos que obraban en mi contra. Carecía de contactos que pudieran ayudarme. Con excepción de unos pocos hermanos en Córdoba, casi nadie me conocía. Pero igualmente deseaba prepararme pues tenía la certeza de que mi oportunidad llegaría. No sabía cuándo, cómo ni dónde se abrirían las puertas, pero sabía que se abrirían. Continuamente leía las promesas de Apocalipsis 3:7-9 y las del Salmo 37:3-5, y así renovaba mi confianza en el Señor.

Además carecía de los fondos necesarios, y por cierto de los elementos humanos y tecnológicos imprescindibles para un trabajo de tal envergadura. El gran Jorge Müller de Bristol, por su parte, pasó más tiempo en oración que ninguna otra persona sobre quien haya leído. Había sido uno de los más grandes maestros de la Biblia en Inglaterra. Nunca le pidió diez centavos a nadie, y llegó a alimentar a 2050 niños diariamente en los cinco orfanatos que dirigía. Yo tampoco contaba con medios, y eso significaba que había esperanza.

Seguía soñando con el día en que el milagro sucediera. Estaba seguro de que si era la voluntad de Dios, todo tendría que hacerlo El. Yo me limitaba a estudiar, orar y hacer mis pequeños esfuerzos allí en Córdoba. Mi anhelo de predicar a multitudes sólo se podría hacer realidad a través de una intervención divina.

Al margen de mi dedicación al servicio del Señor, las luchas interiores y las tentaciones en mi vida eran innegables. Lo menciono una y otra vez porque no quiero esconder mis debilidades. No quiero que mis lectores lleguen a pensar que si el Señor me ha utilizado para llevar a muchas personas a los pies de la cruz, por lo tanto me encuentro exento de las luchas y las tentaciones de la vida. Tuve y tengo fallas. Cometí y cometo errores. Luché y lucho con los mismos pecados y las mismas limitaciones que otros cristianos.

Muchas veces quise que las cosas fueran distintas, pero cuando por fin encontré el descanso interior tan largamente buscado, aprendí que Dios no nos promete que la tentación cesará. Seguirá habiendo errores en nosotros, pero podremos vivir con la certeza de que el Señor los ha cubierto con la sangre de su cruz (1 Juan 2:1-2) y que nos da poder para triunfar (Filipenses 4:13).

CAPITULO 21

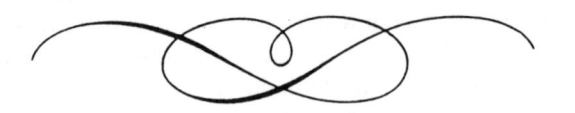

Desde los días iniciales de mi predicación en Córdoba, me fascinó leer biografías de grandes evangelistas. Para mí era una inspiración. Además era notable descubrir cómo salían de su pequeña área de influencia para ir a predicar a las masas. No había excepciones. Todos comenzaban como desconocidos, y era un alivio saber que yo no era el único. Tampoco habían tenido contactos ni dinero, y a eso se sumaba la oposición que habían tenido que enfrentar en los comienzos. Para decirlo en pocas palabras, Dios los usaba. El hacía su obra a través de ellos.

Guillermo Carey, por ejemplo, produjo descontento en la iglesia conformista de su tiempo cuando propuso enviar misioneros de su país para evangelizar otras regiones del mundo. Sus mayores lo instaron a abandonar sus ideas absurdas. Carey enfrentó esa pasividad e inercia escribiendo: "Esperen grandes cosas de Dios; intenten grandes cosas para Dios". Este llegó a ser el credo del movimiento misionero moderno, con hombres y mujeres que siguieron el ejemplo de Carey y llegaron a los confines de la tierra con el mensaje del evangelio de Cristo. Llegué a la conclusión de que Dios desea que nosotros, a la manera de Carey, intentemos grandes cosas para El a fin de alcanzar a nuestra generación.

A Moody lo llamaron "el evangelista de las ciudades". Afirmaba: "Quiero soñar grandes sueños para Dios". Se calcula que en sus cuarenta años de ministerio predicó a entre 20 y 50 millones de personas —y sin radio ni televisión. Se estima que Dios usó a Moody y a su equipo para traer a un millón de personas al reino de Dios. Yo por mi parte también estaba soñando grandes sueños, los soñaba para Dios, y tenía el mismo Dios que Moody. Su vida me animó a seguir soñando y planeando para el Señor. Si había sido posible antes, podía ser posible una vez más.

Carlos Finney fue el padre del evangelismo moderno, ya que poco después de su conversión comenzó a celebrar en forma sistemática reuniones de evangelización. Lloraba al pensar en sus amigos sin Cristo. Su objetivo era además reformar a los cristianos dentro de la iglesia. A los 40 años de edad tuvo una serie de conferencias en un teatro y tantas almas se entregaron a Cristo que en un año se formaron siete iglesias, todas agresivamente evangelizadoras. Me interesó enterarme de que **fue Finney quien abrió la brecha en materia de confrontar al perdido con una decisión inmediata por Cristo.** Como abogado que era, después de haber presentado su caso demandaba un veredicto.

Billy Sunday, "el evangelista de todas las capas sociales", también causó gran impacto en mi vida. Fue uno de los atletas más famosos de su tiempo, severo y austero en su predicación. Uno de los secretos de su éxito fue la excelente educación que recibió de su madre, algo con lo que yo podía identificarme a pleno. La influencia moral de sus conferencias fue tan notoria que en muchos pueblos era evidente el cambio en el tono moral y el ambiente espiritual. También me identifiqué con unos de sus principios: "Una iglesia meramente evangélica es puro hielo, pero una iglesia verdaderamente evangelizadora es fuego".

Me alegré al leer la vida de Juan Wesley y saber que él había afirmado: "Quiero reformar a la nación". Eso significaba que yo no era un lunático con ideas raras. El de Wesley había sido un plan imposible en apariencia. Sin embargo, tenía sólo 34 años cuando con el tema "Salvación por fe" dio el trompetazo que inauguró el gran avivamiento del siglo XVIII y cuyos efectos llegaron hasta nuestros días. Wesley no perdía tiempo deplorando los males de su época sino que los atacaba predicando el arrepentimiento y la conversión a Dios. Su pasión evangelizadora se encendió la misma noche en que nació otra vez, y con el tiempo llegó a decir: "Mi parroquia es el mundo". ¡Cuán identificado me sentía con esos grandes hombres de Dios!

Estos hombres simbolizaban el soberano obrar del Señor, quien los usó para escribir la historia de naciones que fueron transformadas. Sus vidas tocaron a millones y trajeron a cientos de millares al reino de Dios. Todos tenían una cosa en común: el evangelismo masivo. Y los resultados gloriosos de sus ministerios aún son inspiración a jóvenes cristianos que desean servir al Señor. La idea de verme trabajando en una gran campaña era algo maravilloso. No sabía que, por la gracia de Dios, pronto sucedería. Un día tuve la oportunidad de ver una película acerca de una cruzada de Billy Graham en la India. La película presentaba al predicador frente a una gran multitud, pero el efecto que dejaba la cámara era que él me hablaba en forma personal. Al principio de su mensaje —que no era de evangelización sino dirigido a líderes cristianos— la cámara recorrió toda la multitud para mostrar las decenas de millares que se habían reunido. Cuando Billy llegó al corazón de su mensaje, la cámara tomó un primer plano del evangelista, quien desde la pantalla parecía estar hablándome directamente al corazón. Predicaba sobre Efesios 5:18, *"No os embriaguéis con vino, en lo cual hay disolución; antes bien sed llenos del Espíritu Santo".* Era como si la multitud de la India no existiera y el predicador me estuviese preguntando:

—¿Estás lleno del Espíritu? ¿Estás lleno del Espíritu, Luis?

De pronto supe que ése era mi problema. Eso era lo que producía una vida cristiana llena de altibajos. Ese era el motivo de mis pocos frutos aunque sentía celo por el servicio a Dios y me había comprometido a servir al Señor Jesús de todo corazón.

¿Cuándo terminaría aquello? ¿Cuándo encontaría por fin la respuesta total? No lo sabía entonces, pero no sería sino hasta después de permanecer seis meses estudiando en un seminario lejos de mi familia y de mi tierra.

En Córdoba los compromisos para predicar se hacían cada vez más frecuentes. Hasta recibía invitaciones de diversas iglesias. Los hermanos empezaban a reconocer mi inclinación y mi amor por el evangelismo.

En cierta oportunidad una de las iglesias de la ciudad nos había invitado para celebrar campañas en una carpa. Estábamos en la segunda o tercera noche, y la asistencia de inconversos de la zona era prácticamente nula. Esa tarde había llovido bastante hasta la hora de la reunión. Eramos muy poquitos, pero celebraríamos el culto de todos modos. Mi compañero Rolo Mereshian tomó el micrófono —cuyos cables se habían mojado con la lluvia— y el pobre recibió una descarga eléctrica tal que cayó al suelo al tiempo que gritaba pidiendo auxilio. Esos gritos salieron por los parlantes a la calle. Fueron sólo unos segundos hasta que cortaron la corriente, pero el Señor utilizó el incidente para que la carpa se llenara de curiosos que luego escucharon el mensaje del Señor. Mi madre por su lado seguía animándome para que dejara la empresa donde trabajaba y me dedicara a fundar iglesias. Incluso ya había pensado en varios pueblos que necesitaban ser evangelizados.

—Pero mamá, ¿cómo vamos a vivir? Necesitamos el dinero de mi sueldo.

—Luis, bien sabes que si el Señor está en esto, El proveerá.

—Lo que sucede es que no siento el llamado —decía yo invariablemente—. No tengo un llamado definitivo asegurándome que todo marchará bien.

—¿El llamado? ¿De qué llamado me hablas? —contestaba mamá—. El Señor Jesús nos dejó la gran comisión hace dos mil años, y durante toda tu vida la has leído. ¿Cuántas veces va a tener que darte una orden antes de que te dignes a obedecerla, Luis? No es cuestión de llamado sino cuestión de obediencia. El Señor ya hizo el llamado y ahora espera tu respuesta.

CAPITULO 22

Yo sabía que mamá tenía razón, pero me faltaba la confianza suficiente para dejar mi trabajo —aunque a decir verdad cada vez me disgustaba más el ambiente.

Muchos nos hemos hallado en la encrucijada de tener que decidir hasta dónde es correcto obedecer a otros. En mi trabajo me enfrentaba con luchas diarias en el aspecto de la ética cristiana, y me debatía entre lo que yo entendía que era correcto y la realidad a mi alrededor. Cuando comencé a trabajar me pareció que las cosas iban bien, pero con el tiempo empecé a darme cuenta de que no se obraba de manera transparente. Recuerdo que un domingo por la tarde estaba predicando en una reunión al aire libre.

—Si vienes a Cristo, El llenará tu corazón —decía yo—. Si vienes a Cristo El te dará su poder. Si vienes a Cristo podrás vencer la tentación, serás limpio. Podrás vivir una vida maravillosa, sin nada que esconder...

De pronto una vocecita en mi interior me dijo: —Luis, suena muy lindo. Hoy domingo estás predicando el evangelio, pero ¿cómo vives ese evangelio el resto de la semana? ¿Cómo puedes conciliar tu comportamiento diario con el hermoso mensaje de esta reunión?

Continué predicando e insté a los inconversos a recibir a Cristo, pero después el recuerdo de lo sucedido me perseguía. Finalmente un día decidí poner fin a mis luchas y compartí mi sentir con el gerente.

—Vea, Palau —me dijo mi superior—, lo hemos entrenado; hemos invertido tiempo y dinero. Tenemos grandes planes para usted ¿Y ahora usted me sale con su "ética cristiana"? Está yendo demasiado lejos y está arriesgando su futuro.

Mi situación de privilegio desapareció de la noche a la mañana. Estaba a punto de perder el empleo, y lo sabía. Sin duda que la casa central en Buenos Aires habría recibido un informe sobre la situación y habría comenzado a preparar a un nuevo responsable de operaciones de importación y exportación. Parecía una tragedia. Debía mantener a una madre viuda, a cinco hermanas y un hermanito, y nuestras dificultades económicas me tentaban a continuar en el empleo a pesar de la intranquilidad que tenía. Sin embargo, no me llevó mucho tiempo descubrir que todo había sucedido en el momento dispuesto por Dios, quien utilizó las circunstancias para alejarme de ese empleo y ponerme a trabajar en la obra que tenía en vista para mí. Lo que había deseado durante tanto tiempo comenzó a convertirse en realidad. Y cuánto lo alabo porque lo hizo de esa manera —su manera.

En ese tiempo Keith Bentson, un misionero de la organización SEPAL (Servicio Evangelizador para América Latina) vino a la oficina y me preguntó si yo conocía a alguien interesado en trabajar como traductor de inglés a castellano para su revista cristiana "La Voz". Era justo la oportunidad que yo buscaba, de manera que inmediatamente le respondí: —Aquí está el hombre que necesita.

—Luis —replicó Bentson—, es mejor que lo pienses y lo hables con tu familia. El sueldo que podemos ofrecerte será muy bajo, sin duda mucho menos de lo que ganas aquí.

—Hablaré del tema con mi familia —le prometí—, pero le aseguro que soy la persona que usted está buscando. Es emocionante. Estoy convencido de que esto viene del Señor. Al fin ha llegado la hora de Dios para mi vida.

Bentson comenzó a hacer averiguaciones sobre mí, y en mi iglesia se sorprendieron y disgustaron con mis planes. Consulté a una misionera y también me aconsejó en contra, recordándome que tenía un buen empleo secular y en la iglesia contaba con miles de oportunidades para servir al Señor. En realidad, más que consejo yo buscaba confirmación, y me desilusionaba la reacción opuesta que encontraba. Me llevó muchos años aprender y aceptar el principio bíblico de seguir en forma más estricta el liderazgo y autoridad de quienes son mis superiores en el Señor. Sin embargo, mi madre ya había dado su consentimiento y nada ni nadie podría disuadirme.

La única condición que puse a SEPAL fue que se me permitiera llegar tarde los lunes por la mañana ya que tenía compromisos acumulados para hablar los domingos por la noche y quería cumplirlos. Algunas de las reuniones en que tenía que predicar estaban a más de cien kilómetros de distancia, y era más sencillo regresar en ómnibus a la mañana siguiente.

El sueldo que me ofrecía SEPAL por cierto era bajo, pero me sentía en el séptimo cielo. Por fin había surgido la manera de dedicarme por completo al trabajo cristiano. Hacía mucho tiempo desde la última vez que me había sentido tan seguro en cuanto a la dirección de Dios en mi vida.

Cuatro días después de la confrontación con mi supervisor, le avisé que me iba. Cuando me entregó el último cheque, sólo me pidió que diera instrucciones precisas al que me remplazaría temporariamente. Para ese entonces dos de mis hermanas habían encontrado trabajo, de modo que la reducción de mi sueldo a menos de la mitad no afectaría demasiado a la familia.

En mi nuevo empleo hacía un poco de todo, e incluso representaba a la misión y a la revista en convenciones denominacionales. Seguía con las actividades en mi iglesia, pero una de las más grandes lecciones de aquellos días fue consecuencia de mi tiempo en oración con el hermano Bentson.

Cuando cumplí varias semanas con SEPAL, Bentson me pidió que permaneciera en la oficina después de la hora de salida. No quería que el resto del personal creyera que yo recibía tratamiento privilegiado. El sólo quería orar conmigo.

Era un miércoles por la tarde, y ese día oró por mí, mis hermanas, mi madre, por mi iglesia y por todos los ancianos, mencionando a cada uno por su nombre. Me sorprendió ver cuán bien informado estaba ya que él no asistía a nuestra congregación. Era maravilloso oírlo implorar a Dios: "Oh, Señor, bendice a estos hombres para tu servicio y para tu gloria".

Sentí ganas de orar, así que también lo hice.

Al miércoles siguiente trajo un plano de la ciudad de Córdoba y señaló las 15 ó 16 iglesias locales de las asambleas de los Hermanos Libres. Oró por cada una de ellas, haciendo referencia a su dirección y a los nombres de los líderes claves si los conocía. Era como si hubiéramos dado una vuelta por toda la ciudad... de rodillas.

De este hermano aprendí en qué consiste la oración intercesora. Era emocionante. Empezamos a orar en forma conversacional, uno primero y después el otro, vez tras vez, repetidamente. Con frecuencia él caminaba por la habitación mientras hablaba con el Señor.

El miércoles siguiente el plano de la ciudad incluía todas las iglesias cristianas bíblicas de todas las denominaciones. Oró por cada una. Era increíble, pero en la mayoría de los casos conocía el nombre del pastor. Me sentí profundamente conmovido por su oración por las demás denominaciones, y en mi corazón se confirmó algo que había sentido por años: la importancia de la unidad del Cuerpo de Cristo. En mi corazón comenzaron a arraigarse las palabras de Efesios 6:18, *"Orando en todo tiempo con toda oración y súplica, por todos los santos"*.

A medida que pasaban las semanas, el mapa del hermano Bentson se iba haciendo más grande. Primero se amplió a la provincia, y más tarde a toda la nación. El sabía cuántas poblaciones había, qué porcentaje de ellas contaban con iglesias cristianas, sabía todo.

Terminamos orando por cada país del mundo. Aún lo recuerdo en forma vívida. A partir de ese momento no volví a ser el mismo. Mi vida entera cambió. Mi visión por los perdidos se hizo internacional.

Durante ese tiempo el ministerio de reuniones en la carpa seguía creciendo ya que mis amigos y yo invitábamos a personas de otras iglesias de la ciudad. Mi sueño había sido tener un equipo evangelístico propio y estable, pero no sabía cómo empezar, no sabía dónde iba a conseguir los talentos a los que pudiera unir mis fuerzas. Un día esos talentos llegaron solos.

Brus del Monte —quien ya había colaborado en nuestro grupo juvenil— se ofreció para oficiar de maestro de ceremonias, director de canto y solista, y trajo consigo al pianista Guillermo Fasig, un músico excepcional. ¡El equipo estaba formado!

Estábamos ocupados y nos sentíamos felices y productivos, pero la gran oportunidad del Señor aún debía llegar.

CAPITULO 23

Durante un tiempo mi obsesión había sido hallar la oportunidad que nos abriera el camino para el evangelismo masivo. Corría el año 1960 cuando el rumbo de mi vida comenzó a definirse. Un día predicaba en un teatro de Córdoba el pastor Raimundo Stedman,* y fui a escucharlo. Nos hicimos amigos al instante. Casi de inmediato me aconsejó ir a estudiar a un instituto bíblico. Sin embargo, no me entusiasmaba la idea de pasar tres o cuatro años tomando clases. (Nunca he menospreciado los varios años de estudios teológicos en un seminario. En realidad, el consejo de los sabios por lo general es no optar por la vía más corta o más fácil. Sin embargo, en ese entonces yo tenía 25 años de edad y me parecía que la vida se me iba de las manos).

—Se está yendo demasiada gente al infierno como para que yo ahora me dedique a los libros —alegué—. Puedo estudiar en casa. Soy disciplinado y me gusta estudiar solo. Lo que necesito es una oportunidad de conversar con varios maestros de la Biblia y así obtener respuestas a las preguntas difíciles que no he podido resolver por mí mismo.

Stedman insistió con la idea, indicando que conocía una excelente escuela bíblica donde se ofrecía un curso de teología avanzada de un solo año. La puerta se estaba abriendo pero yo tenía reparos. Oré sobre el asunto. Mi madre veía la mano de Dios en

---

* N.R: Raimundo Stedman, pastor de una pujante iglesia en California y autor del libro LA IGLESIA RESUCITA, comenzó a ser conocido en América Latina a principios de la década del '60.

los acontecimientos y decía que el Señor proveería mientras yo estudiaba. Algunos cristianos amigos de Stedman ofrecieron correr con los gastos de estudios. Incluso decidieron enviar dinero para sostener económicamente a mi familia. Era evidente que Dios estaba proveyendo.

Finalmente acepté la invitación. Empecé a sentirme nervioso al pensar en el futuro, de modo que seguí con mi trabajo de evangelismo en Córdoba con más empuje que nunca.

Aún faltaban varios meses para el viaje, y fue durante ese tiempo que conocí a Eduardo Murphy, misionero de SEPAL* que trabajaba muy ligado con las iglesias argentinas. Junto a él viví una de las experiencias más grandiosas de aquella época ya que Eduardo ideó un exitoso proyecto para plantar nuevas iglesias. El primer paso era comenzar en el entonces pequeño pueblo de Oncativo, en la provincia de Córdoba. Queríamos entrenar a un grupo de creyentes de una congregación cercana y enseñarles cómo plantar una iglesia en un pueblo vecino. Creíamos en la importancia de la iglesia local y en el hecho de que gran parte del ministerio se debía llevar a cabo ejercitando los distintos dones allí existentes, tal como lo señala Efesios 4:11-13.

Visitamos una iglesita en el pueblo de Río Segundo para ver si conseguíamos entusiasmar a sus miembros con la idea de iniciar otra iglesia a pocos kilómetros de allí. Preguntamos a los creyentes si habían llevado el evangelio a Oncativo, y contestaron que creían que eso jamás había sido hecho.

Cinco miembros de la iglesia de Río Segundo estuvieron de acuerdo en completar el entrenamiento y acompañarnos cuando intentáramos comenzar la nueva obra en el pueblo hermano.

Llegamos a Oncativo un día feriado, el 25 de Mayo, que es uno de los días patrios. Preguntamos al intendente* si nos daría permiso para representar a los cristianos bíblicos de la Argentina y decir unas palabras durante la celebración. Nos lo negó. Le preguntamos entonces si nuestros músicos se podían unir al desfile. Nos dijo que no. No nos desanimamos en absoluto. El hecho de formular un pedido de esa naturaleza era en sí una aventura. Decidimos seguir adelante con nuestros planes.

Nos conectamos con una familia de ascendencia suiza, suma-

---

* N.R: Servicio Evangelizador para América Latina.

* N.R. Nombre que se le da al "alcalde" en la Argentina.

mente amable, que se interesó en lo que pensábamos hacer a pesar de que no conocían el evangelio de Jesús. Nos invitaron a cenar y el Espíritu Santo comenzó a obrar en el corazón de una mujer llamada Lidia, que evidentemente había estado buscando a Dios. Esa misma noche entregó su vida a Cristo. Fue la primera convertida de ese pueblo, y en forma inmediata recordamos a esa otra Lidia de Hechos 16:14. Tal vez era una promesa de Dios. Esta familia nos cedió el depósito desocupado de una imprenta que tenían para que celebráramos allí las reuniones. De manera que al día siguiente fuimos casa por casa invitando a la gente al culto de la noche. Luego fuimos a uno de los parques donde nuestros músicos comenzaron a tocar marchas patrióticas con sus trompetas. Se reunió un considerable número de curiosos.

Yo tuve un breve mensaje sobre "Cristo el Libertador", para estar en tema con el día de la patria. La gente escuchaba con suma atención y yo me sentía con gran libertad al predicar. Se cruzó por mi mente la idea de hacer una invitación en caso de que alguien quisiera recibir a Cristo a su vida, pero desistí. Si lo iba a hacer, debía ser en un ambiente más formal, no al aire libre ni a las apuradas. Los invitamos a asistir al culto de esa noche.

El saloncito que nos habían asignado para las reuniones tenía capacidad para unas 75 personas, pero en realidad no sabíamos si habría algún presente. Yo rogaba a Dios que nos enviara unas pocas almas necesitadas esa noche. Mientras oraba sentí un impulso y tomé una determinación: esa noche al concluir el mensaje haría una invitación a quienes quisiesen recibir a Jesucristo. Fue algo tan convincente que creí que desobedecer sería un pecado.

Esa noche el salón se llenó. Yo estaba impaciente por predicar y porque iba a hacer la primera invitación pública de mi vida. Mi mensaje fue sencillo, basado en uno de mis textos predilectos, Juan 10:28, *"Y yo les doy vida eterna; y no perecerán jamás, ni nadie las arrebatará de mi mano"*. Aquella noche antes de concluir hice la invitación de la misma forma en que lo he hecho en los años siguientes. Pedí que si deseaban recibir a Cristo, inclinaran la cabeza y oraran al Señor en su corazón. Luego pedí que levantaran la mano quienes hubiesen orado conmigo. Conté 35 manos y me asusté.

Era obvio que los críticos tenían razón. Era todo manipulación emocional.

—Pueden bajar sus manos. Gracias. Ahora déjenme explicarles de nuevo —dije, y dediqué otra media hora al pasaje, poniendo en claro cada aspecto, asegurándome de que comprendían el significado de la vida eterna y una relación personal con Cristo. Oramos de nuevo y pedí que levantaran las manos: esta vez eran 37.

Tuvimos reuniones todas las noches y preparamos a los nuevos convertidos para que pudieran comenzar su propia iglesia cuando nos fuéramos. Al final de la semana 70 personas habían hecho profesión de su fe en Jesucristo. Nos sentíamos como si hubiéramos ido con San Pablo en un viaje misionero.

Los 70 nuevos creyentes en Jesús no quedarían solos. Por nuestra parte en esos días les enseñamos tanto como pudimos. Además nuestros amigos de Río Segundo, quienes habían experimentado un avivamiento, apoyarían al nuevo grupo de cristianos y los discipularían. Un mes después, luego de muchas reuniones de canto y predicación, se fundó la iglesia de Oncativo, que juntamente con la de Río Segundo se convirtió en un foco de evangelismo. Ambas congregaciones se multiplicaron plantando iglesias en otros pueblos cercanos.

Al ver todo lo sucedido en ese corto tiempo, el hermano Bentson y algunos otros creyentes pensaron que mi responsabilidad consistía en quedarme en Córdoba. Eduardo Murphy señaló que sería beneficioso para mí ir al instituto bíblico, pero añadió que debía regresar tan pronto como fuera posible. Incluso una noche nos reunimos en casa de Bentson para discutir la cuestión. Mi madre demostró firmeza y convicción total:

—Creo que la invitación que le hicieron a Luis es del Señor. Creo que debe ir a ese seminario en los Estados Unidos. Apoyo ese paso en un ciento por ciento.

Luego de la maravillosa experiencia de Oncativo, apenas tuve tiempo de reaccionar a la realidad. Había llegado el momento de partir. Muchos amigos y mi familia entera fueron a despedirme al aeropuerto de Ezeiza en Buenos Aires, donde tomé el primer avión de mi vida. Hubo algunas lágrimas y durante los minutos previos al embarque mi madre hasta trató de darme una larga lista de recomendaciones.

Cuando me despedí de ella, vestido con mi único y flamante traje negro, me dijo:

—Cuídate mucho, hijo. No viajes solo. Aliméntate bien. Que los puños y el cuello de las camisas estén siempre impecables. Ten cuidado con la violencia, no sea que te disparen, te maten y te metan en el baúl de un auto. Acuérdate siempre de la promesa de Dios en Hebreos 13:5, *"Nunca te desampararé ni te dejaré"*.

No podía olvidarse de su papel de madre y pensaba en todos los detalles todo el tiempo. Ella se preocupaba de mis comidas, de mi ropa y de que pudieran matarme. Yo en aquel momento sólo podía pensar en el inminente viaje a punto de comenzar.

* * *

El vuelo parecía no terminar nunca en aquel viejo DC-6. Me ponía nervioso y me dolía el estómago cada vez que cambiábamos de altitud.

—Mire cuántos barquitos blancos —dije a mi compañero de asiento, quien se inclinó para mirar por la ventanilla.

—Son sólo nubes, muchacho —me contestó con una sonrisa.

Cuando por fin aterrizamos en Miami yo estaba tremendamente cansado y mi traje era un montón de arrugas. Parecía mentira, pero un nuevo capítulo en mi vida había comenzado.

CAPITULO 24

Al fin llegué a la costa oeste norteamericana y me dirigí a la casa de Raimundo Stedman, mi pastor amigo, quien desde el primer momento fue sumamente solícito y servicial. Se convirtió en una especie de padre para mí. Yo tenía grandes sueños que quería ver cristalizados y mi impaciencia me llevó a apoyarme en mis fuerzas, no en el poder divino.

A la semana de haber llegado comencé con un terrible dolor de muelas. El dentista tuvo que realizar tres extracciones, y durante una semana estuve con una hemorragia que el facultativo no podía detener. Finalmente diagnosticaron avitaminosis*. Creo que fue providencial que no pudiera hablar más de lo indispensable ya que de esa manera se evitaron las discusiones y debates en los que yo deseaba tener parte. Tenía grandes deseos de discutir teología y doctrina por horas y horas. Había decidido ir al seminario para aprender, pero tal vez aún no estuviera listo para admitir que no tenía todas las respuestas.

Seguía luchando para que mi vida produjera más fruto espiritual. Me sentía frustrado porque no era capaz de llevar el estilo de vida que veía en muchos de los que me rodeaban. Mientras más lo intentaba, menos lo lograba.

Si tratamos de alcanzar la victoria por nosotros mismos, hasta podemos volvernos cínicos. Nunca olvidaré una experiencia de mi adolescencia. Estaba en una librería buscando un libro que tratara sobre la vida de victoria. Fue entonces que un hombre a quien

---

* N.R: Deficiencia de vitaminas

respetaba mucho me vio y me preguntó: —Luis, ¿qué estás buscando?
En ese momento yo había encontrado un libro por un tal N. Grubb y respondí: —Quiero vivir en victoria. Me dijeron que este libro de Grubb es excelente. Voy a empezar a leerlo ya mismo.
—Sí, victoria, mucha victoria... —se burló el caballero—. Me gustaría que a Grubb se le pinchara un neumático de su automóvil en medio del desierto para ver qué diría entonces sobre la vida de victoria.
Ese comentario fue para mí como un balde de agua fría, y durante un tiempo me olvidé del triunfo cristiano. No pude discutir con él y caí en el mismo tipo de cinismo, más que nada porque no podía encontrar esa victoria. Me dije que tal vez el hombre estaba en lo cierto: la verdadera victoria no era posible. La vida cristiana debía de ser una lucha incensante. Sin embargo, las vidas de hombres como Stedman no parecían concordar con esa posición. Y yo quería tener lo que ellos tenían.
Mi camino espiritual era una lucha en la que, cuando avanzaba, avanzaba tan sólo unos pocos centímetros por vez. Era algo así como arrastrarme penosamente cuesta arriba para luego volver a resbalar. Aunque había pasado por muchos momentos de bendición y de triunfo, la lucha se me hacía insoportable. No podía seguir así, en especial porque los de mi alrededor no sabían lo que me pasaba. Era un espantoso secreto, y sabía que mi resistencia tenía un límite.
Llegó el momento de viajar a Portland, Oregón para comenzar las clases. El instituto bíblico era muy exigente, y el primer semestre me pareció tremendamente difícil. Yo había leído mucho en el pasado, pero no estaba muy al tanto de la antropología bíblica y de la doctrina de Cristo viviendo en nosotros. Y eso era lo que necesitaba saber.
Los demás estudiantes del seminario eran muy agradables y me consideraban amistoso y simpático. No conocían las batallas espirituales por las que estaba pasando en mi alma y espíritu. Después de algunos meses de probar y fallar, me convertí en un magnífico actor. Vivía con un antifaz; eran todas apariencias, pero lo hacía con honestidad. Se supone que los cristianos tienen que ser felices, y puesto que yo deseaba ser un buen cristiano, simulaba tener gozo aunque interiormente estuviese triste y desalentado. Creía que si me mostraba alegre, tal vez la apariencia se hiciera realidad.

Cuando en la iglesia de Córdoba me habían nombrado superintendente de la Escuela Dominical, era tan buen actor que las madres venían a decirme: —Luisito, qué feliz sería si mi Carlos fuera como vos.

—¡Cuánto quisiera que mi hijo fuese un joven dedicado a Dios y santo como sos vos!

—Si usted pudiera ver mi corazón, no diría eso de mí, señora —hubiera querido decir.

Pero la madre de Carlitos me habría contestado: —Sos demasiado humilde para reconocerlo, Luis.

Yo era un legalista piadoso, muy confiado en mí mismo y orgulloso de mi educación y mi conocimiento bíblico. Usaba siempre una máscara que me daba la imagen de una persona dura y tenaz, pero por dentro me sentía vacío. Ahora bien, no es fácil sacarse la máscara. Para mí fue como una cirugía mayor. Gracias a Dios que Él vio más allá de mi velo, lo arrancó y me libró de convertirme en un fracaso permanente.

Mientras persistamos en tener puestas nuestras máscaras legalistas, no podremos ver al Señor. Nuestros velos no solamente esconden nuestras debilidades para que los otros no las vean, sino que también se interponen entre nosotros y el Señor. Además endurecen nuestros corazones e impiden el crecimiento espiritual. Sin embargo, somos incapaces de quitarnos las máscaras por nosotros mismos. Cristo es el único que puede hacer la obra para que vivamos a cara descubierta. En mi caso fue una agonía difícil de superar. Y si no me hubiera importado tanto servir a Cristo y predicar el evangelio, probablemente me hubiera dado por vencido.

El cambio en mi vida comenzó con una frustración. El profesor del curso de Vida Espiritual del seminario comenzaba todas sus clases —**todas**— citando Gálatas 2:20, *"Con Cristo estoy juntamente crucificado, y ya no vivo yo, mas vive Cristo en mí; y lo que ahora vivo en la carne, lo vivo en la fe del Hijo de Dios, el cual me amó y se entregó a sí mismo por mí"*.

Estaba llegando a molestarme tanto que el profesor citara todos los días el mismo versículo, que me tuve que preguntar a qué se debía mi actitud tan negativa. Era incoherente que me fastidiara de esa manera. El problema tenía que estar en mí. Llegué a la conclusión simplista de que el versículo era confuso, difícil de comprender y que además se contradecía.

Me encantaba el instituto bíblico, el estudio, las clases y los demás estudiantes, pero la presión que había en mi espíritu era peor que nunca. A pesar de que seguía con las actividades espirituales correctas —estaba a cargo de una clase de la Escuela Dominical, tenía un buen grupo de amigos, predicaba en muchas iglesias de la región y a veces me invitaban a dar mensajes a los demás estudiantes— dentro de mi alma me hallaba desesperado. Era un hipócrita sincero. La gente se ríe cuando lo digo, pero era la verdad —y no tenía nada de gracioso. Yo anhelaba ser el cristiano victorioso que los demás creían que era, y odiaba la idea de ser hipócrita.

Si tuviera que describirme en aquellos días, diría que era envidioso, celoso, explosivo, centrado en mí mismo y ambicioso al extremo. Por otra parte, era muy presumido con respecto a los predicadores y profesores, y hasta tenía la audacia de comparar sus ilustraciones o sus sermones con los míos. Aquello me dejaba un sabor de amargura y fracaso. Con todas mis fuerzas deseaba liberarme.

CAPITULO 25

Una vez más el tiempo de Dios demostró ser perfecto. Cuando estaba a punto de abandonarlo todo y regresar a casa, sucedieron varias cosas que me animaron y me recordaron que Dios aún era Dios (Deuteronomio 7:9) y seguía desarrollando su plan divino.

Lo primero que sucedió fue que conocí a Patricia. En realidad la había conocido a principios del semestre, pero ninguno de los dos se había interesado en el otro. Para mí ella no era sino una de las jóvenes del instituto bíblico, y supongo que para ella yo era simplemente otro estudiante más.

Estábamos en pleno año académico cuando un día teníamos una pequeña fiesta en casa de uno de los muchachos. Iba caminando hacia allá y me di cuenta de que algunas chicas iban en la misma dirección.

—¿Van a la fiesta? —pregunté.

Me contestaron que sí, y por una de esas razones desconocidas me acerqué a una de ellas, diciendo: —¿Puedo caminar contigo?

—Por supuesto que sí —contestó Patricia.

No fue nada del otro mundo. Es más, ni siquiera estuvimos juntos en esa reunión social, pero comencé a interesarme en esa joven. Patricia era alegre, conversadora. Parecía madura e inteligente. Era bonita, vestía bien, y hablando con ella descubrí que amaba mucho al Señor. Realmente no sé cuál fue la primera impresión que causé en Patricia —nunca me lo quiso decir —pero comencé a buscarla en nuestras clases en el seminario.

En realidad, la ventana de mi dormitorio miraba hacia un sendero que conducía a la cafetería, de manera que todas las mañanas sin excepción esperaba hasta verla aparecer. Era entonces que justo en ese momento yo salía "por casualidad" y me dirigía también a la cafetería.

Nunca me había gustado estudiar en la biblioteca porque la gente me distraía, pero cuando me enteré de que ella por lo general hacía sus tareas allá, empecé a ser un asiduo concurrente. Con un ojo miraba mi libro, y con el otro ojo a ella. No sabía qué estaba pasándome, o mejor dicho no quería reconocerlo. Patricia por fin cayó en la cuenta de que yo estaba interesado en ella y comenzamos a pasar tiempo juntos. Al principio sólo éramos buenos amigos, no había nada serio entre nosotros —aunque yo deseaba que sí lo hubiera. Rápidamente nuestra amistad empezó a transformarse en algo más que amistad y los dos comenzamos a orar mucho para que el Señor nos mostrara su voluntad.

Siempre me había gustado leer y estudiar las Escrituras, y en el seminario casi todas mis clases eran de Biblia, así que tenía mi ración de estudio bíblico. Pero lamentablemente la mayoría de lo que estudiaba iba a mi intelecto, no al corazón ni a la vida práctica. Me gozaba al pensar en las posibilidades con Patricia, pero cuando pensaba en mi propio estado espiritual, me deprimía en gran manera.

Había tomado la costumbre de sentarme en el último banco durante los devocionales diarios que teníamos en forma conjunta. En esas reuniones recibíamos otra dosis de Biblia o relatos de misioneros que venían a visitarnos. Otro de mis hábitos era desafiar interiormente al orador para que me hiciera interesar en su mensaje. Si hablaba bien, le haría el honor de escucharlo. Si no era así y me aburría, dejaba volar la imaginación o me ponía a hojear los apuntes de la próxima clase.

En uno de los últimos cultos devocionales antes de las vacaciones de la navidad, el orador fue el Mayor Ian Thomas, recién llegado de Inglaterra. ¿De qué creen que habló? Pues de Gálatas 2:20, el famoso texto que mi famoso profesor repetía todos los días antes de clase.

Yo al principio me indigné y decidí que no prestaría atención, pero el dinamismo y la personalidad enigmática de Thomas captaron mi interés y sus palabras comenzaron a penetrar mi corazón.

El Mayor Thomas luego hizo referencia a Moisés, que pasó los primeros 40 años de su vida pensando que en realidad era alguien —tenía dinero y poder. El Señor lo sacó de Egipto, y Moisés pasó 40 años pastoreando ovejas y pensando que realmente era nada. Finalmente, durante los últimos 40 años de su vida, Moisés se dio cuenta de que él no era todo, pero Dios sí lo era todo en él.

Moisés había creído que por el hecho de ser un graduado universitario Dios podría usarlo sin inconvenientes. Había vivido con el convencimiento de que podría servir a Dios en sus propias fuerzas porque tenía conexiones a nivel del gobierno y era hijo adoptivo de la hija de Faraón. Sin embargo, tuvo que huir de Egipto. Y allí estaba el graduado universitario, el que tenía todo tipo de relaciones sociales y gubernamentales, el hombre de gran influencia, convertido en un hombre sin fruto, inservible y desesperado.

Fue entonces que el Señor se le apareció en la zarza ardiente en el desierto y desde allí le habló.

El señor Thomas nos dijo que Dios estaba tratando de comunicarle algo a Moisés: 'No necesito una zarza bonita, educada o elocuente. Cualquier simple zarza sirve, siempre que Yo esté en la zarza. **No serás tú haciendo algo por mí sino Yo haciendo algo a través de ti''**.

Thomas agregó que aquella zarza del desierto era un montón de ramitas secas que apenas habían crecido, y sin embargo, Moisés tuvo que quitarse el calzado de los pies. ¿Por qué? Porque estaba pisando tierra santa ya que Dios estaba en la zarza.

Yo era como esa zarza. No podía hacer nada para Dios. Todo lo que pudiera leer y estudiar, todas las preguntas que pudiera formular y el esfuerzo que hiciese para imitar a otros, todo era en vano. Todo en mi ministerio carecía de valor si Dios no estaba en mí. No es de extrañar que me sintiera frustrado. Sólo Dios podía darle eficacia a mi ministerio.

El Mayor Thomas explicó que al principio muchos obreros cristianos fallan porque creen que tienen algo para ofrecer a Dios. Nos compartió cómo él mismo había creído que Dios usaría su personalidad extrovertida y atrayente, pero Dios no lo usó hasta que este hombre llegó al final de sus fuerzas.

—Esa es exactamente mi situación —me dije—. Estoy al límite de mis fuerzas.

Luego el predicador leyó Gálatas 2:20 otra vez. La clave de todo el mensaje estaba allí, y el Espíritu Santo lo hizo claro a mi corazón. Desde los 18 a los 25 años había trabajado incansablemente pero con resultados escasos. Fue triste haber perdido tantos años tratando de hacer las cosas en mis propias fuerzas, a mi manera. Finalmente había una luz al final de un larguísimo túnel de ocho años de duración.

Estaba sentado en el salón junto con otros cientos de estudiantes, y sentí que el Señor me decía: "Luis, éste es mi mensaje para ti. Tienes que tomar una decisión." La decisión era: "No yo sino Cristo en mí. Cristo vive en mí."

Fue en ese momento que comencé a comprender el significado de Gálatas 2:20. Después del devocional corrí a mi dormitorio, me arrodillé junto a mi cama y dije: "Señor, ahora comprendo. Veo la luz de un nuevo día. Tú eres el Dios que vive en mí, el Dios que resucita a los muertos. Ahora sé cómo vivir la vida cristiana—no soy yo quien vive sino Tú en mí." Esa decisión causó una revolución en mi vida.

—¿Qué más necesito? —me dije gozoso—. ¿Me falta poder? Cristo está en mí. ¿Soy codicioso? ¿Mi mente está llena de impurezas? El vive en mí, es santo y me da su santidad. ¿Quiero ver almas salvadas al predicar? El hablará a través de mí. Ya no yo mas Cristo en mí.

Fue el comienzo de una nueva dimensión moral y espiritual. Se habían acabado mis años de búsqueda. Comenzaba a descansar en el hecho de que Cristo vive en cada cristiano y nos permite vivir vidas agradables a Dios.

Permanecí de rodillas hasta la hora del almuerzo, es decir una hora y media. Me perdí la clase siguiente para continuar en comunión con el Señor. Reconocí que me amaba demasiado a mí mismo. Le pedí perdón a Dios por mi orgullo al creerme más que los demás. Creía ser alguien importante, pero Dios no estaba activo en mi zarza pues yo no se lo había permitido.

Sentía una inmensa paz al saber que podía dejar de luchar para vivir la vida cristiana por las mías. Era casi como convertirme nuevamente. Sin embargo, me llevó mucho más tiempo entender de manera práctica cómo Cristo obra en la vida diaria de un cristiano.

Todavía le quedaba a Dios mucho por quemar, pero por fin el Señor era dueño de mi zarza. El deseaba que estuviera agradecido por todos los pequeños y grandes logros de mi vida, pero no quería que pusiese en ellos mi confianza. Mi mirada debía centrarse en 'Cristo que vive en mí.'

Era emocionante haber llegado por fin a darme cuenta de que tenemos todo lo que necesitamos cuando tenemos a Jesucristo, quien vive en nuestro corazón. Dios mismo obra por medio de su Hijo (Colosenses 2:9-15). Su poder nos dirige, nos capacita para servir, nos corrige y nos orienta (Filipenses 2:13). Algunos rechazan esta verdad por simplista, pero Dios nos invita a descansar en el poder del Cristo resucitado. Cuando venga la tentación hay que mirar a Dios y decirle: —Señor, sabes que tengo una tentación que no puedo resistir por mí mismo. Confío en tu poder, descanso en ti. Tengo la mente de Cristo y confiaré en que me darás la victoria.

Dije que esta decisión causó una revolución en mi vida. ¿Qué comenzó a suceder? Predicaba los mismos mensajes, pero ahora comenzaba a verse el fruto: la gente se convertía, había poder, autoridad, libertad, gozo. Ya no era yo sino Cristo viviendo en mí. Ese era el secreto. El Espíritu Santo al fin podía actuar con poder en mi vida.

Cuando el cristiano toma esta decisión, su vida empieza a tener impacto en las vidas de otras personas. No porque seas intelectual o competente, ni tampoco por tu apariencia agradable o tus dones, sino porque el poder de Cristo está actuando a través de ti.

Thomas había predicado en el seminario pocos días antes de las vacaciones. Yo estaba ansioso de que llegaran. Las necesitaba.

CAPITULO 26

Me entusiasmaba la idea de visitar amigos, pero sobre todo la perspectiva de un descanso de los estudios. No obstante, íntimamente no quería esas vacaciones. Cada vez estaba más interesado en Patricia, y cuando me enteré de que ella haría un viaje durante el receso, me preocupé pensando que pudiera volver a encontrarse con algún antiguo novio.

De manera que le dije lo que sentía con respecto a ella. No fue un momento demasiado romántico; fue simplemente mi estilo directo y sin rodeos. Le dije que quería que supiera lo especial que ella era para mí, lo mucho que me importaba, y que esperaba que luego de las vacaciones pudiéramos pasar más tiempo juntos a fin de conocernos más y mejor.

Realmente la extrañé muchísimo.

Pasé mis vacaciones con mi amigo el pastor Raimundo Stedman. Me amaba como a un hijo y yo lo consideraba como un padre. Veía a Cristo en su vida, y a través de su ejemplo me daba cuenta de que una persona podía vivir triunfante en Cristo Jesús. Sin embargo no alcanzaba a comprender cómo hacía Raimundo para ponerlo en práctica.

Por otra parte, en mi pasado había un asunto que requería solución. Nos sentamos en la oficina de este hombre y me dijo que mi deber era arreglar la cuestión de inmediato.

—No se preocupe —respondí con autosuficiencia—. Escribiré una carta. Más adelante, cuando regrese a la Argentina, hablaré con todos. No habrá problemas. Lo arreglaré. Mientas tanto puedo continuar con mi vida aquí.

El pastor Stedman puso su brazo sobre mi hombro y dijo con suavidad:
—Luis, te parece que puedes zafarte de cualquier problema, ¿verdad? Con esa facilidad de palabra que tienes uno de estos días te harás un pozo, caerás en él, te enterrarás y nadie te ha de salvar; ni siquiera Dios.

¿Era para tanto? El hombre continuó, aún rodeándome con su brazo.

—¿Sabes algo, Luis? Eres engreído y orgulloso. No te das cuenta, pero te sale por los poros. Recuerdo que cuando llegaste tenías traje negro y corbata de igual tono —para probar tu espiritualidad. Te crees superior a los demás, ¿no es cierto?

Me disgustó lo que dijo Raimundo, y me disgustó que no hubiera gritado al decírmelo. Me disgustó la forma en que me abrazaba al hablar.

—Si va a insultarme, que por lo menos no lo haga cariñosamente —murmuré para mis adentros.

Y así continuó, mientras yo sentía ganas de decirle: "¡Basta!". Sin embargo, me acordé de palabras similares del maestro Cohen en San Albano, y en mi interior supe que Stedman estaba diciendo la verdad. Fue un gran golpe.

Cuando volví al seminario tomé una determinación:
—Esto se terminó, Raimundo tiene razón. No sirvo. Este no es mi lugar. Tengo que olvidarme de predicar. Voy a volver a mi carrera en los negocios.

Me sentía acabado. Sentía que no tenía nada que hacer en el ministerio, que nunca sería evangelista, que debía regresar a casa y mantener a mi familia. Fue entonces que una vez más recordé Gálatas 2:20. Caí en la cuenta de que todavía estaba tratando de vivir la vida cristiana en mi propia habilidad y en mis fuerzas. Debía dejar de confiar en mí mismo. Debía dejar de descansar en mi conocimiento bíblico y comenzar a descansar en Dios. Tenía que dejar de confiar en mi vida de oración y empezar a confiar en mi Padre Celestial.

Cuando empecé a descansar en el Señor en vez de hacerlo en Luis Palau, mi vida comenzó a cobrar un nuevo significado. Ya no era Luis tratando de servir al Señor sino Luis descansando en el Señor. ¡Qué gran cambio! Fue el principio de un gran avivamiento interior.

Luego de las vacaciones volvimos a los estudios, aunque debo admitir que mis calificaciones no fueron tan buenas. Patricia tuvo

1961. El día de mi casamiento con Patricia.

parte de la culpa ya que pasaba con ella tanto tiempo como me era posible. Un día me levanté con la certeza de que estaba profundamente enamorado de Patricia y deseaba pasar el resto de mi vida sirviendo al Señor con ella.

En lugar de preguntarle si se quería casar conmigo, le pregunté si quería volver a la Argentina conmigo. Ella comprendió lo que yo quería decir —todo lo que esa pregunta implicaba. Cuando me dijo que sí, que regresaría conmigo, yo también comprendí lo que significaba su respuesta.

Entonces surgió el problema. La norma en el instituto bíblico era que los estudiantes del primer año no podían comprometerse para casarse. Yo suponía que la regla era aplicable sólo a los que habían terminado la secundaria y habían comenzado sus estudios teológicos. Patricia y yo no éramos adolescentes y no me parecía que ese principio pudiera aplicarse a los estudiantes del programa de posgrado.

Pedimos consejo a varias personas, incluso a los padres de Patricia —a quienes había amado desde el primer momento— y todos nos animaron a apelar aquella norma.

Hablé con el decano y le presenté nuestro deseo de comprometernos. Su respuesta no daba lugar a dudas:

—Si se compromete, tendrá que marcharse.
—De acuerdo —contesté ofuscado—, me marcharé. Pero si usted no tiene inconvenientes primero quisiera hablar con el presidente del seminario.
—¿Por qué quiere hacer eso?
—Porque en realidad no quiero irme y no creo que éste sea un caso inapelable.

Seguimos hablando sin llegar a un acuerdo y repetí mi deseo de hablar con el presidente.

En mi entrevista dije que amaba el seminario y quería quedarme, pero si era necesario me iría para poder comprometerme con Patricia. Se me había ofrecido la oportunidad de trabajar como misionero en Colombia bajo la supervisión de Eduardo Murphy, quien ahora era director de la obra de SEPAL* allí.

Yo tenía grandes deseos de casarme y me entusiasmaba la posibilidad de volver a trabajar con Eduardo, con la visión de alcanzar para Cristo a todo un país.

—De acuerdo —respondieron después de considerar nuestro caso—, dejaremos que Patricia y tú se comprometan aun cuando todavía son alumnos.

El pastor de la iglesia de Patricia nos hizo pasar a toda velocidad por las sesiones obligatorias de orientación prematrimonial, y empezamos a hacer planes para la boda.

No podíamos soñar en invitar a mi madre por lo costoso que resultaría el viaje. Ella, por su parte, ya estaba bastante preocupada por la mujer que había robado mi corazón ya que no la conocía. Mis hermanas consiguieron tranquilizarla y asegurarle que todo saldría bien.

Terminamos las clases en el seminario, y el 5 de agosto de 1961, nos casamos en la misma iglesia en que Patricia se había criado, y nos fuimos de luna de miel en auto por dos semanas.

---

* N.R.: Servicio Evangelizador para América Latina.

CAPITULO 27

Mi mal genio salió a relucir inmediatamente. Patricia había estado haciendo varias referencias a la forma en que su padre manejaba ciertas cosas, y había conseguido irritarme. Cuando regresábamos de la luna de miel quiso que hiciéramos todo el viaje sin paradas porque de esa manera podría ver más pronto a sus padres.

—Bueno, te diré algo —contesté—. Si tienes tantas ganas de ir a ver a tus papitos, te pondré en un ómnibus para que puedas llegar rápidamente.

Fue cruel de mi parte, y no merecía una esposa tan paciente. Cada vez que hago el papel de tonto y ambos lo sabemos, ella no me lo echa en cara ni exige una disculpa ni se pone a llorar. Lo único que hace es dejar mi comentario colgando en el aire para que haga eco en mis oídos y me moleste tanto como le molestó a ella.

Pero al margen de los problemas y dificultades normales de toda pareja de recién casados, ambos estábamos felices y sabíamos que Dios había guiado los acontecimientos.

Antes de comenzar nuestro trabajo con SEPAL debíamos pasar por un entrenamiento misionero práctico. Durante siete meses vivimos en casa de una anciana. El plan era trabajar con una iglesia, de la cual recibiríamos nuestro sostén. Nos dijeron que eso nos enseñaría a confiar en el Señor para las necesidades y nos ayudaría a adaptarnos a cualquier situación.

Debíamos trabajar bajo las órdenes del pastor y hacer todo cuanto él nos pidiera. El a su vez informaría a la misión si le parecía que

Patricia y yo en los primeros meses de ministerio durante una reunión al aire libre en Colombia.

podíamos ser buenos misioneros. De esa manera se trataba de eliminar a candidatos ineptos.

La iglesia donde trabajábamos nos daba muy poco dinero. Una de las semanas todo lo que teníamos eran unos pocos centavos y algunas latas de alimentos que alguien había desechado. No sé qué hubiéramos hecho de no ser por algunos amigos que de vez en cuando nos enviaban algún dinero para ayudarnos. No podíamos ir a ningún lugar ni hacer nada. Continuamente nos preguntábamos de dónde vendría la próxima comida. Era muy duro.

Pero lo peor era que la señora con quien vivíamos se había negado a ponerle cerradura a la puerta de nuestro dormitorio. Solía entrar de pronto en momentos inoportunos con un plato de galletas dulces que nos había preparado... Es fácil imaginar cómo nos sentíamos.

A pesar de todo el Señor estuvo con nosotros, nos enseñó, nos moldeó y nos bendijo. Aquel período de entrenamiento resultó ser una de las épocas más valiosas de mi vida. Como todavía no habíamos tenido hijos, Patricia y yo podíamos entregarnos por entero al estudio y la oración.

Durante ese tiempo decidí escribirles a muchos viejos amigos y conocidos para pedirles perdón por mis acciones del pasado. Tenía que hacerlo si quería conciliar mi conducta con las verdades que estaba aprendiendo.

En el verano de 1962 recibimos la triste noticia de que la madre de Patricia se había enfermado de poliomielitis. Como resultado aún está en una silla de ruedas. Doña Elsa ha sido una gran fuente de inspiración para nosotros porque no guarda amargura, nunca se queja y es siempre tan positiva que uno olvida que ella está en silla de ruedas.

Unos meses después Patricia quedó encinta. En enero de 1963 y con sólo siete meses de embarazo, supo que había llegado la hora de ir al hospital. Estábamos hospedados en casa de unos amigos, y a mí me costaba creerlo.

—Tienes que estar bromeando —espeté.

—Dícelo al bebé —respondió la pobre.

De manera que salimos para la clínica a toda velocidad. Llevaba más de una hora en la sala de espera cuando el médico, un amigo creyente, salió a decirme que habían surgido serias complicaciones.

—¿Qué sucede?

—Todavía no estoy seguro, Luis. Tenemos que orar.

Me sentí aterrorizado y empecé a orar con desesperación. Patricia no había tenido problemas durante el embarazo, aunque admito que me preocupó el hecho de que el parto se produjera a los siete meses. Después de otra hora que se me antojó interminable el médico apareció de nuevo. Su expresión era aun más sombría.

—Luis, los latidos del corazón son muy rápidos para un feto de siete meses —indicó—. Además son tan irregulares que te aseguro que no soy optimista en cuanto a lo que pueda ocurrir.

Yo estaba al borde del llanto.

—¿Tan grave es la situación?

—Sí, es muy seria.

—Bueno, sálvele la vida a Patricia —le supliqué—. ¿Puede hacerlo?

—Oh, sí. Ella no parece tener problema alguno. Quien me preocupa es el bebé. No sé cómo va a sobrevivir con los latidos que estamos oyendo.

Yo tenía un nudo en la garganta y apenas podía pronunciar palabra.

Llegaron algunos amigos y durante dos horas estuvimos de rodillas orando al Señor. Estaba tan agotado con la espera que supuse que habíamos perdido al niño, algo que me dolía profundamente. Caminaba de un lado a otro, orando y esperando al médico. Cuando por fin apareció su rostro estaba iluminado por una gran sonrisa.

—¡Felicitaciones! —exclamó—. ¡Eres padre de dos varoncitos!

No recuerdo nada más después de aquello, pero mis amigos dijeron que lo único que hacía era saltar y reirme a carcajadas. Los latidos irregulares habían sido en realidad los latidos regulares y normales de dos corazoncitos, y el médico no había contado con la posibilidad de mellizos.

Cuando era adolescente solía tener un terrible complejo con mis piernas flacas y mi tez exageradamente pálida. En la escuela teníamos que usar pantalón corto y mis compañeros se burlaban de mí llamándome "patas de tero".* Ese día volví a acordarme de mis piernas flacas, pero ya no me importaba. Lloraba de felicidad, diciéndome:

—Miren ustedes al flaco Luis Palau, el de las patas de tero. Flaco y todo, y ahora es padre de mellizos.

Veía a los niños y me costaba creer que fuesen míos.

—¡Los hice yo! ¡Los hice yo! —decía radiante a mis amigos—. Con la ayuda de mi esposa, pero los hice yo.

David y Keith era muy pequeñitos; pesaban menos de dos kilos cada uno y tuvieron que permanecer dos semanas en la incubadora del hospital. Nunca olvidaré el día en que por fin los llevamos a casa.

De repente me di cuenta de que Luis Palau ahora formaba parte de una familia —y nada menos que de cuatro personas.

Ese mismo año partimos con nuestros dos hijitos hacia Costa Rica, donde Patricia estudiaría castellano en la escuela de idiomas. Luego entonces partiríamos rumbo a Colombia.

---

* N.R: Pájaro zancudo, popular en la Argentina

CAPITULO 28

Poco antes de marcharnos para Costa Rica, Eduardo Murphy y yo asistimos a un retiro para pastores y líderes en Colombia. Fue una oportunidad apropiada para conocer a los hombres de Dios que estaban liderando las iglesias del país adonde iríamos a ministrar. Consideramos la experiencia algo así como un viaje exploratorio, al estilo de la aventura de los espías en Canaán, tal como aparece en el libro de Números. Queríamos ver si Colombia era tierra de gigantes, y si de aquel lugar fluía leche y miel. Yo estaba ansioso por hacer algo, por poner manos a la obra, pero aún había que esperar. Ya llegaría nuestra hora.

De buenas a primeras me sentí peligrosamente cerca de los 30 años. Era como si la vida se me estuviera escurriendo de las manos. Quería actuar, comenzar a hacer algo, ver que las almas se salvaran.

Finalmente Patricia, los mellizos y yo partimos rumbo a la escuela de idiomas en San José de Costa Rica.

Cuando llegamos, nuestros hijos tenían nueve meses de edad. Unos amigos encontraron una casa para nosotros y nos ayudaron a instalarnos, pero no pudieron encontrar una señora que nos ayudara con los niños mientras mi esposa estudiaba. De manera que durante unas tres semanas, Patricia iba diariamente al colegio de idioma mientras yo me quedaba a cuidar de los gemelos.

Yo no tenía experiencia en el cuidado de bebés ni en el trabajo en la cocina. Fui el primogénito en mi familia, seguido de cinco hermanas, y ellas era las que se hacían cargo de los pequeñitos. Yo nunca había cambiado pañales.

Cuando llegamos a Bogotá en 1964, trabajamos como misioneros entrenando a los hermanos en el evangelismo y crecimiento de iglesias.

Ahora bien, llegó el primer día de la escuela de idiomas y allá fue mi esposa, dejándome los bebés. Pronto los mellizos comenzaron a llorar, de manera que les di sendos biberones con leche y eso ayudó durante un rato. Obviamente también había otros asuntos que atender, pero a mí me costaba darme cuenta de las necesidades de los niños. Cambié los pañales a uno (probablemente no demasiado bien); luego cambié al otro. Finalmente se durmieron.

Al rato empezaron a llorar otra vez, juntos. ¡Era una conspiración! Despertaban al mismo tiempo, gritaban al mismo tiempo y luego... todo al mismo tiempo.

Así pasamos el primer día, y el segundo, tercero y cuarto. Un día estaba cambiando a uno de ellos y dije:

—Señor, ¿es esto lo que vine a hacer como evangelista? Dejé mi país, y en lugar de predicar y salvar almas, aquí estoy... cambiando pañales sucios.

Quedamente el Señor empezó a decirme: "Un momento, Luis,

tú siempre estás diciendo a las esposas y a todas las mujeres que tienen que confiar en el Señor y que es maravilloso tener a Cristo dentro de uno en todas las circunstancias. Luis, tú estabas limitando las cosas a circunstancias agradables".

Fue una gran lección. Aún no me gusta cambiar pañales, pero en aquel momento comencé a comprender que es posible estar en la voluntad de Dios aunque uno esté haciendo una tarea no demasiado grata. No es cuestión de hablar de cosas espirituales todo el tiempo o de estar ocupados constantemente con un trabajo cristiano. Es sencillamente vivir recordando que Cristo está conmigo, está en mí. Puedo estar tan lleno de El cuando estoy haciendo lo rutinario, llevando a cabo las cositas desagradables de la vida, como cuando estoy predicando.

Cambiar pañales puede convertirse en una experiencia espiritual si comprendemos que la totalidad de nuestra vida está escondida en Cristo Jesús. Eso hace la gran diferencia. Quienes abogan por la así llamada liberación femenina cambiarían su proceder si entendieran este concepto. La vida es trabajo, sudor, lágrimas y toda una serie de cositas "sucias", desagradables. Pero cuando comprendemos que el Dios viviente está con nosotros aun en las tareas pequeñas y tediosas, entonces la vida cobra nuevo significado. Tenemos que recordar que adondequiera que vayamos y sin que importe lo que hagamos—ya sea predicar a millones o cuidar a un indefenso bebé— Dios siempre nos está llevando de triunfo en triunfo. Además a través de nosotros El está derramando la fragancia de su conocimiento en todo lugar. Lo importante no es lo que yo hago sino quién soy (2 Corintios 2:14-17).

A las pocas semanas de haber llegado a Costa Rica, recibimos una visita que fue un regalo de Dios. Mi madre recorrió una larga distancia desde Argentina para quedarse con Patricia y los gemelos mientras yo efectuaba un viaje de cinco semanas a Guatemala, predicando y enseñando la Biblia. Aquellos días fueron importantes y fructíferos para mí, pero decidí que la familia no volvería a separarse por tanto tiempo si Dios lo permitía.

Para mamá fue maravilloso poder ver a sus nietos y conocer a Patricia. Ambas se apreciaron desde el primer momento, y mi esposa estaba encantada de que alguien de confianza cuidara a los niños mientras ella pasaba la mañana en la escuela de idioma y la tarde memorizando frases.

Cuando por fin llegamos a Bogotá, Colombia en el verano de 1964, me dediqué a preparar a mis hermanos colombianos para evangelizar y plantar iglesias. Esto fue un buen entrenamiento para las campañas masivas del futuro.

Comenzamos con lo que denominamos "campañas de movilización de la iglesia local". La idea era tratar de ser catalizadores para unificar al Cuerpo de Cristo a fin de estimular a los creyentes al evangelismo. Queríamos que los cristianos que domingo a domingo se sentaban en los bancos de la iglesia, aprendieran a compartir su fe, a llevar a otros a Jesucristo, a hacer discípulos y a plantar nuevas congregaciones.

El lema que teníamos era: "Estimular y movilizar al Cuerpo de Cristo para un evangelismo continuo y eficaz".

Fue un tiempo de magnífico trabajo en la obra con Patricia — algo que se pierde cuando la familia empieza a crecer y el ministerio exige más viajes. Charlábamos durante horas. Creo que nunca llegamos a aburrirnos el uno del otro.

Yo seguía con mi carácter irascible, y ella aprendió a reaccionar con tranquilidad y a neutralizar mi ira con su silencio. No era ven-

Soñando grandes sueños en Colombia, 1965.

gativa ni indiferente, pero no discutía ni trataba de razonar con un hombre airado. Cuando todavía éramos recién casados una vez me enojé porque una caminata hasta el parque terminó en que los dos nos empapamos por una tormenta sorpresiva. Después de todo, razonaba yo, la idea había sido de ella. (Reconozco que mi posición era ridícula, pero un carácter irascible a menudo hace el ridículo en sus apreciaciones).

Patricia no dijo nada hasta dos semanas más tarde, cuando le pregunté adónde quería ir durante un tiempo libre que teníamos y me respondió:

—Me parece que será mejor que esta vez elijas tú.

Alabo al Señor porque además de haberme dado una esposa perfecta para contrarrestar mi temperamento, El ha añadido Su obrar divino y de esa manera me ha permitido experimentar victoria en este aspecto de mi vida. Dios me ha ido haciendo sensible al peligro de reaccionar más allá de lo debido, por lo que continuamente trato de tener más cuidado ya que no quiero herir a los de mi alrededor ni pecar contra Dios.

En cuanto a Colombia, según todos los informes Cali parecía tener un clima más receptivo para el evangelio que Bogotá. Uno de los principios del crecimiento eficaz de las iglesias es ir adonde está la cosecha (San Juan capítulo 4). Eso no quiere decir que se desprecie la labor de plantar la semilla, pero nuestra organización misionera (SEPAL) era en esencia una misión de cosecha. Nos pareció que la cosecha verdadera estaba en Cali, así que fuimos allá —a pesar de que no llegaba a la mitad de habitantes de Bogotá.

Una de las primeras experiencias maravillosas fue un grupo de quince creyentes que creció a más de un centenar después de que pasáramos dos semanas con cultos de avivamiento, evangelismo y entrenamiento.

Fue por aquel entonces que Brus del Monte, mi querido amigo de los primeros días en Córdoba, tuvo la idea de que yo viajara de vez en cuando a Quito, Ecuador a fin de grabar programas radiales en la emisora HCJB, programas que se transmitirían por todo el continente.

Por la gracia de Dios nuestra tarea en Colombia seguía siendo exitosa. Aprendí a ser usado en varios ministerios. Pero yo ya tenía más de 30 años y me parecía que las oportunidades para evangelismo masivo estaban pasando de largo. Había aprendido mucho y tenía grandes planes, pero necesitaba un equipo —que el Señor fue proveyendo a su tiempo.

Mi primera campaña en una iglesia tuvo lugar en septiembre de 1965 en Cali. El plan era pasar la primera semana trabajando con los creyentes. Nos parecía que lo primero que había que hacer para estimular a la iglesia al evangelismo era asegurarnos de que los creyentes estuviesen caminando en la luz.

Preparé aquellos mensajes de rodillas, mientras le suplicaba al Señor que hubiera una renovación espiritual. Y en verdad sucedió aquello por lo que habíamos orado tanto. La congregación de esa pequeña iglesia confesó públicamente su pecado y corrigió sus relaciones con Dios. Días más tarde, cuando les pedimos que hicieran público su deseo de venir al frente para ofrecer sus cuerpos como sacrificio vivo ante Dios, casi toda la iglesia lo hizo. Los creyentes estaban experimentando un avivamiento y estaban ansiosos por comenzar la obra de evangelismo.

Mis compañeros y yo apenas pudimos dormir durante esos días. Caminábamos de noche por toda la ciudad, demasiado entusiasmados para pensar en dormir. Orábamos y soñábamos con cosas grandes en el futuro. Más de 125 personas habían orado para recibir a Cristo y unas 80 se unieron a la iglesia, que pasó meses en avivamiento, gozosa y evangelizando. Si Dios podía hacer eso, ¿por qué no soñar con cosas mayores?

CAPITULO 29

Cuando Andrés, nuestro tercer hijo, nació en Cali en febrero de 1966, no presencié el parto porque me quedé dormido en la sala de espera y la enfermera se olvidó de despertarme. Patricia alega que me dormí a propósito porque nunca me caractericé por mi fortaleza ante circunstancias como ésa. Es verdad, pero también es verdad que la enfermera se olvidó de llamarme.

Mi esposa siempre se ha preguntado por qué no pude permanecer despierto mientras que ella sí...

En esos días ambos estábamos ocupados y felices en el ministerio. Era emocionante. Gastábamos nuestro poco dinero ayudando a que las iglesias y los grupos cristianos locales establecieran ciertas "mini cooperativas" en embrión a fin de evitar que sufrieran extrema pobreza. Una vez hasta pudimos comprar una máquina de coser a una recién convertida para que la mujer pudiese mantener a su familia.

Sin embargo, mi deseo principal era seguir adelante y vernos activos en evangelismo masivo propiamente dicho a nivel de toda una ciudad.

La gente sufría, tenía necesidad de Jesucristo, y yo me sentía impaciente por lanzar el mensaje a gran escala en todo el continente. Oraba para que los de mi alrededor también pudieran comprender la importancia de mi apuro.

Mi oración era: "Señor, que las ruedas se echen a andar..."

Cuando tenía que predicar en ciertas campañas de cuatro o cinco noches en iglesias de la ciudad, por una parte me emocionaba y por la otra me frustraba. Serían días de evangelismo glorioso,

La familia Palau en 1966: Patricia y yo con Andrés, David y Keith (de izq. a der.)

de gran avivamiento, pero me haría desear más que nunca dejar todo lo demás y dedicarme de tiempo completo a la evangelización.

Con mi colega argentino Santiago Garabaya, junto a quien llevamos a cabo un tremendo ministerio de evangelismo, estábamos listos para cosas más grandes. Sin embargo, cada vez que lo mencionaba a mis mayores obtenía la misma respuesta:

—Luis, tú eres maestro de Biblia, así que limítate a ser maestro de Biblia. Deja que otro sea el evangelista.

—Pero es que la vida está pasando con mucha prisa —contestaba yo siempre—. Quiero redimir el tiempo. Ya tengo más de 30 años.

Tan fuerte era el impulso dentro de mí para predicar la salvación en Cristo que decía como San Pablo: *"Ay de mí si no anunciare el evangelio"* (1 Corintios 9:16). Y todavía tengo ese apremio para seguir predicando ante multitudes cada vez mayores, hasta que todos tengan oportunidad de oír las Buenas Nuevas.

Cada vez que tenía que predicar, los mensajes me costaban mucho tiempo y esfuerzo. Pasaba largas horas preparándome, tratando de pensar cómo haría para que la gente escuchara con atención. Nunca me han resultado fáciles los bosquejos. Tengo que pensar en cada uno de los puntos, en cada uno de los aspectos. Tampoco me siento cómodo limitándome a contar historias y usando artimañas que encantan al público pero no son parte del evangelio en sí.

Vez tras vez me repetían que mi punto fuerte no era el evangelismo. Tal vez fuera verdad, y era fácil acomplejarme. Aun desde mis inicios en Córdoba todos querían que mi amigo Roberto fuese el evangelista y yo el maestro de Biblia. Disfruto enseñando la Biblia, pero quienes sostienen que los buenos maestros de Biblia no resultan ser buenos evangelistas, con eso implican que los evangelistas tampoco pueden ser buenos maestros de Biblia —algo que considero ilógico. Creo que es posible conjugar ambos dones del Espíritu. Me encanta enseñar la Biblia; casi lo prefiero a evangelizar. Sin embargo, sentía en aquel entonces y aún siento que el evangelismo es mi deber, que debo hacerlo en obediencia al Señor.

Aparte de ser un mandato del Señor Jesús, el evangelismo también me otorga autoridad y me da una buena plataforma desde donde puedo hacer impacto a todo el Cuerpo de Cristo. Cuando predico en un pueblo o una ciudad, muchos pastores vienen a consultarme sobre asuntos diversos, y de esa forma los puedo exhortar y alentar. Creo que, por gracia de Dios, en ese aspecto un evangelista tiene ventaja sobre alguien que se dedica a la enseñanza de la Biblia en forma exclusiva.

A menudo he pensado en mi dilema de aquel tiempo. Ciertas conversaciones privadas que tuve con mis hermanos en la fe y con líderes misioneros fueron echando un poco de luz. Muchos temían que me hiciera mal la gloria que puede acompañar al éxito de un evangelista. No estaban seguros de que mi temperamento estuviera preparado para la adulación que podía venir como consecuencia de ese ministerio. Creo que todo esto fue puesto por el Señor en mi camino para enseñar a un joven ansioso a ser discípulo paciente y a esperar que llegue el tiempo de Dios.

Fue en ese entonces que llegó a mis manos "Los que esperan y su imagen", un magnífico libro de fotografías ilustrando distintos aspectos de Colombia: niños, ancianos, indígenas, campesinos, todos esperando un tiempo mejor; todos soñando con dinero, felicidad y prosperidad. Pero esa gente también soñaba con la liberación total —algo que el mensaje del Evangelio ponía al alcance de sus manos. Por eso yo quería predicar, me sentía llamado a predicar, estaba entregado a la idea de predicar. Sabía que no era inmune a la vanagloria, pero estaba consciente de que si intentaba quedarme con la gloria que pertenece a Dios, El quitaría su mano de bendición.

Quería echarme a andar. Calculaba que me haría falta un tiempo considerable para crecer desde una campaña a nivel de iglesia local a campañas unidas. Si dejaba escapar los años, sería un viejo.

Deseaba con el alma el apoyo y la bendición de mis hermanos mayores y de mis líderes, pero la necesidad de las multitudes que perecían sin Cristo me motivó a tomar una decisión definitiva. Era preciso redimir el tiempo.

CAPITULO 30

La situación en Colombia era en verdad delicada. Pocos años atrás los cristianos habían sufrido una fuerte persecución por causa de su fe. Después de muchísima oración, Eduardo Murphy y yo llegamos a la conclusión de que Dios nos abriría esa nación. Pocas veces en mi ministerio he tenido una experiencia de ese tipo. Es emocionante cuando sucede. Uno ora, ora y ora, y al final el Señor da una seguridad interna de que El ya ha respondido, de que ya ha obrado. Es posible que no lleguemos a saber cómo, pero lo que sí sabemos es que lo ha hecho. (Daniel tuvo la misma experiencia según nos relata en los capítulos 9 y 10 de su libro).

Hablamos y oramos con pastores, misioneros y líderes, quienes finalmente decidieron persuadir a la iglesia de que era tiempo de acción. Tenían una tremenda carga por ver a Colombia dedicada a Dios. Sería maravilloso si el país, famoso por su persecución anticristiana, un día era gobernado por el cristianismo.

Desafiamos a los jóvenes a acudir a la calle, evangelizar el país y confiar en el Señor para ver a Colombia bendecida y renovada en los meses siguientes. Una de las frases claves fue: "Plantar una iglesia cristiana es construir la nación".

Un buen general nunca pide a su tropa que haga algo que él mismo no está dispuesto a realizar. De manera que una vez que presentamos el desafío, nos pusimos a trabajar y comenzamos a realizar las primeras reuniones al aire libre. Predicar por las calles como lo estábamos haciendo, era riesgoso.

Al principio los creyentes no querían unirse a nosotros. Pensaban que las autoridades y el público en general los tratarían con

Haciendo un llamamiento a la consagración a los cristianos colombianos en Cali, 1966.

rudeza. No puedo culpar a los cristianos de Colombia por el miedo que tenían. Si yo hubiera estado en el lugar de ellos, no habría sido tarea fácil convencerme de que debía actuar tan abiertamente, ya que con eso hubiera puesto en peligro mi vida o la vida de mi familia.

Sin embargo, nosotros estábamos convencidos de que Dios nos iba a abrir las puertas de Colombia de par en par. En la ciudad de Cali salimos a trabajar con un equipo y predicábamos desde la parte posterior de un camión. La lógica era muy simple: si venía la policía o aparecía una multitud agresiva, podríamos huir con rapidez.

En nuestro pequeño equipo uno tocaba el trombón para que se reuniera la gente, yo predicaba y otros repartían literatura. Algunos cristianos locales venían para observar, pero se mantenían alejados por si surgían dificultades.

Por otra parte, un grupo de creyentes de Bogotá quería hacer un impacto en la ciudad. Me habían compartido la inquietud durante uno de mis viajes allí. Era diciembre de 1966 y tal vez hubiera llegado el momento. Una agrupación de jóvenes cristianos decidió organizar una marcha por la ciudad capital, seguida por una campaña de cuatro días, del 8 al 12 de diciembre.

—Aunque nos amenacen lo haremos, Luis, pero necesitamos su ayuda —me dijeron—. Seguiremos adelante suceda lo que sucediere.

Con Eduardo Murphy pensamos que tal vez eso fuera el puntapié inicial para la apertura de Colombia al evangelio.

Aconsejé a los jóvenes que pusieran la mira muy alta para su país, que alguna vez hasta organizaran un desayuno presidencial y que trabajaran y oraran para que algún día se eligiera un presidente de profunda fe bíblica. (Once años después nos volvimos

A pesar de la hostilidad hacia el pueblo cristiano, un grupo de jóvenes me pidió que los ayudara a organizar una campaña de evangelización en Bogotá en diciembre de 1966.

Siete mil personas integraron la columna humana que desfiló por las calles de Bogotá testificando de su fe en Jesucristo. El esfuerzo de estos jóvenes cristianos fue crucial para que el país se abriera al evangelio.

a reunir con esos jóvenes en un hotel colombiano con motivo del primer banquete presidencial de oración del país. Fue inolvidable).

Se comenzaron los preparativos para la histórica marcha de cristianos en Bogotá. Llegó al fin el gran día. Una de las directivas era sostener la Biblia en el costado izquierdo, contra el pecho. Era una actitud impregnada de simbolismo. Los jóvenes no sólo estaban declarando en cuán alta estima tenían a la Biblia, sino que también era una forma de decir: "Te desafío a que vengas y te enfrentes conmigo". La otra directiva era llevar una radio portátil, cuyo uso era más sutil. Habíamos conseguido que la estación radial nos vendiera dos horas de tiempo para que los organizadores de la concentración pudieran transmitir himnos cristianos. Todos tenían la radio sintonizada en la emisora indicada, y de esa forma se pudo sincronizar de manera extraordinaria el canto de los himnos durante toda la movilización.

No teníamos idea de cuánta gente se nos uniría. Tres o cuatro mil, como máximo, y eso ya era un cálculo muy optimista. Sin embargo, cuando fue hora de comenzar se habían reunido 7000 jóvenes. Varios pastores y misioneros se mantenían a distancia. Aún tenían miedo de ser golpeados o llevados a la cárcel.

Desde la puerta del Hotel Intercontinental —el punto de reunión— comenzamos a caminar los dos kilómetros por la Avenida Siete hasta la Plaza Bolívar, una inmensa zona abierta delimitada por las oficinas de gobierno y la catedral.

Ahora me doy cuenta de que yo también tenía temor. Pudo haber sucedido cualquier cosa. Habíamos solicitado a la policía que cortase el tránsito en las calles, pero no habíamos recibido respuesta. Mientras la multitud avanzaba, de pronto observamos que se acercaban dos luces rojas titilantes. Eran dos coches policiales. Muchos se quedaron helados. Allí terminaría todo...

Para sorpresa, cuando los automóviles alcanzaron el inicio de la columna humana, tomaron posiciones encabezando la marcha, con sus luces rojas aún encendidas, abriendo el paso para que la gente se desplazara sin inconvenientes.

El clima sombrío dio lugar a una atmósfera de júbilo cuando millares de jóvenes se dieron cuenta de que eran partícipes de un éxito sin precedentes. Comenzaron a cantar más fuerte, a sonreír felices y a caminar con paso más decidido. Los carteles y pancartas con versículos bíblicos eran agitados con entusiasmo. El aire de expectativa de que Dios iba a hacer algo se había tornado en gozo porque Dios acababa de hacer ese algo.

Al tiempo que la columna avanzaba por la calle, muchos creyentes que habían observado desde lejos se unieron, y lo mismo hicieron otros —incluyendo sacerdotes y un grupo de monjas.

Lo recuerdo como si hubiera sido ayer. La multitud empezó a inundar la plaza Bolívar. En un momento el Presidente de la Nación salió de sus oficinas y preguntó a uno de mis compañeros qué estaba sucediendo. Cuando se enteró, el primer mandatario comentó:

—Si ustedes pueden reunir una multitud así, también podrían conseguir la elección de un presidente. (Después de todo, nuestro sueño no era tan descabellado. Hasta el presidente de la nación coincidía con nosotros).

En el momento en que me aprestaba a predicar, 20.000 personas atestaban la plaza. Yo rebosaba de alegría. Parado en las escalinatas de las oficinas de gobierno, prediqué sobre el tema "Cristo el Libertador".

Después de mi corto mensaje, 300 personas alzaron la mano en señal de que recibían a Jesucristo. Mis amigos dicen que yo no cesaba de reír y reír. Era alegría celestial, por cierto.

El día culminó en completa euforia. Era la primera vez que en América Latina se veía una multitud similar a las de los avivamientos históricos. Sin lugar a dudas era el inicio de un nuevo optimismo entre cristianos. Una nueva era había comenzado.

CUARTO INTERMEDIO

En 1968 el Señor nos dirigió muy claramente a mudarnos a México y establecer allí la sede del equipo evangelístico de Luis Palau. En esa época redacté las metas, objetivos y estrategias. ¡No han cambiado! Aquella visión original sigue siendo la visión básica de nuestro trabajo: predicar a Cristo y ganar a miles para El en todo el mundo; estimular y movilizar al Cuerpo de Cristo para un evangelismo continuo y eficaz y motivar a los creyentes para que planten iglesias; animar a los jóvenes a que se lancen a la obra del Señor; ser influencia en los cristianos sosteniendo en alto la bandera del evangelismo bíblico para que el compromiso de la iglesia con el evangelismo nunca cese.

Aunque el evangelismo estaba por fin en marcha y estábamos viendo conversiones, aquellos años fueron muy difíciles. Había muy pocos recursos económicos y debíamos tener paciencia, esperar y orar para que llegaran. * Se pueden aprender muchas lecciones espirituales, pero también uno se puede encontrar en un nivel económico poco práctico para seguir adelante con la obra, y entonces se pregunta por qué Dios lo permite. Vez tras vez tengo que repetirme que Dios es aún soberano y sigue siendo el Buen Pastor —tal como lo experimentó David en su vida.

Esteban, nuestro cuarto hijo, nació en noviembre de 1969 en la ciudad de México. Menos mal que a Patricia y a mí nos encan-

---

* N.A.: A través de los años día tras día el Señor nos ha mantenido de rodillas, esperando su provisión. Nos gozamos en El cada vez que vemos su mano en las ofrendas que envían nuestros hermanos en la fe para poder llevar a cabo la obra del ministerio.

taban los varones. Fue un dulce toque del Señor a un año de muchas pruebas.

A través de todos los ataques del enemigo y de la rudeza de los primeros tiempos, nunca perdimos nuestro celo por el ministerio. A mí me emocionaba la oportunidad de presentar a Cristo en toda América Latina. No podía recordar momento alguno en que no hubiera tenido ese sueño. Ahora se estaba haciendo realidad, en forma lenta pero segura. Lenta porque todavía faltaba mucho camino que recorrer.

II

Mas Allá del Tiempo y del Espacio

(qué, cómo, con quién, por qué)

LOS DISTINTOS MINISTERIOS

*Grandes cosas ha hecho Jehová con nosotros;
estaremos alegres.*
(Salmo 126:3)

EL MINISTERIO RADIAL que iniciamos en los primeros tiempos, continuó a través de dos programas diarios, Luis Palau Responde y Cruzada. "Responde" es un microprograma de consejos que toma como base casos verídicos de cartas que nos envían los oyentes, quienes presentan sus problemas en busca de respuestas. "Cruzada" es de enseñanza bíblica y está especialmente dirigido a creyentes. Estos programas se han transmitido durante más de veinte años y se fueron difundiendo por un número cada vez mayor de emisoras radiales (hoy más de 500), hasta alcanzar una audiencia diaria estimada en veinte millones. Esto dio gran amplitud a nuestras cruzadas y nos ayudó a construir las bases para futuras campañas en el mundo de habla hispana.

(Debo confesar que en oportunidades he tenido la tentación de llegar al estudio de grabación a las corridas, pensar en tres o cuatro puntos claves y comenzar a hablar. Pero vez tras vez el Señor me recuerda lo imprescindible de la preparación previa. Necesito que Dios me ilumine en cuanto a los temas a tratar, por ello paso tiempo en comunión, meditando y estudiando. Antes de ir a grabar siempre inclino mi cabeza y digo al Señor: "Padre Celestial, no quiero remitirme a mencionar una serie de verdades doctrinales. Te pido que me unjas con tu poder y que hables a través de tu siervo para ministrar a los creyentes, a los que aún no te conocen y para traer gloria a tu nombre". Y El lo hace).

En estas transmisiones nuestro continuo objetivo es explicar las verdades divinas, predicar la Palabra de Dios, hallar aplicaciones

Nuestro equipo ha producido varias películas de evangelización. Aquí durante una filmación. (Foto por Asociación Evangelística de Luis Palau)

prácticas en las circunstancias que nos toca vivir a diario, e invitar a los oyentes a aceptar a Cristo como su Salvador y Señor.

* * *

La idea de LA TELEVISION Y EL TELEFONO había surgido de mi amigo Brus del Monte en 1965. Brus estaba trabajando para la radio ecuatoriana HCJB, que en ese momento también estaba a cargo de la primera estación televisiva de Ecuador. Brus convenció al departamento de evangelismo del canal que hiciera tiempo para mí, y fue entonces cuando comencé a viajar a Quito. Hasta ese entonces el evangelismo por televisión era poco más que la transmisión de un culto desde la iglesia. Brus propuso algo diferente.

En realidad, mirándolo en perspectiva no fue un cambio tan radical como en ese momento pareció. El estudio se arregló de manera muy tradicional y se completó con un pequeño púlpito desde el cual yo hablaba a los televidentes al comienzo del programa y me refería a una carta que nos hubieran mandado los oyentes de la radio. Luego de dos décadas la escenografía puede haber cambiado y haberse vuelto menos formal, pero la técnica es esencialmente la misma. Con la carta en mis manos empezaba a responder las preguntas que allí me hacían en cuanto a un tema, por ejemplo la inmoralidad sexual.

Desde mi púlpito improvisado iba a un pequeño escritorio, allí

Durante la mayoría de nuestras cruzadas se transmite LUIS PALAU RESPONDE en vivo por los canales locales y redes nacionales. Los televidentes llaman por teléfono en busca de soluciones a diversos problemas que los acosan. (Foto por Ake Lundberg)

Durante el programa de televisión "100 HUNTLEY STREET" desde Toronto, Canadá en 1978. (Foto por Ake Lundberg).

anunciabá un número telefónico y ofrecía a los televidentes la posibilidad de llamar y hacerme preguntas relacionadas con lo que recién se había comentado.

No son muchos los que recuerdan detalles de la primera llamada que recibiera en esa clase de programas, pero yo me acuerdo perfectamente de una de las primeras.

María, una joven ecuatoriana, llamó desesperada en busca de respuestas. Su familia se había desintegrado cuando su padre abandonó el hogar para irse a vivir con una amiga de la muchacha. A los 21 años de edad, María era azafata de una línea aérea internacional. La frustración de lo ocurrido con su propia familia la condujo a un amorío con un joven médico colombiano, casado. Pero luego de haber escuchado el programa, María se hallaba agobiada por la culpa del pecado:

—Señor Palau, recién esta noche al escuchar su mensaje me di cuenta de que cometí adulterio. He hecho algo imperdonable para con la esposa y los hijos de este hombre. Es horrible. ¿Acaso podría Dios perdonarme?

Lo que siguió fue algo que yo jamás hubiera soñado. María había oído el mensaje del evangelio según se había explicado a otros que habían llamado previamente, de manera que la joven dijo:

—Señor Palau, quiero recibir a Cristo.

Pudo haber sido una simpleza, pero yo no lo esperaba.

—Eso es maravilloso, María —le respondí—. Venga mañana a nuestra oficina para que junto con otro de los consejeros podamos conversar tranquilos.

—Pero Palau —prosiguió la muchacha—, ¿por qué esperar hasta mañana? Quiero recibir a Cristo ahora mismo.

En realidad hasta ese momento yo no había considerado la posibilidad de guiar a alguien a Cristo en el aire durante un programa de televisión. Lo que sucedió casi sacudió la tierra. Frente a una audiencia de aproximadamente 100.000 espectadores, expliqué a María una serie de textos bíblicos y luego la guié en una oración de confesión a Jesucristo. Ella abrió su corazón al Señor Jesús en ese mismo momento.

La participación en programas periodísticos a menudo me da la oportunidad de explicar el mensaje de Jesucristo y corregir errores comunes y mitos en cuanto al cristianismo. Aquí en "FRENTE A LA PRENSA" en Venezuela. (Foto por Ake Lundberg)

Otra de las experiencias emotivas al extremo ocurrió en San Pedro Sula, Honduras en 1970, cuando la noche final de nuestro programa televisivo el director mismo vino al estudio desde el salón de controles y apareció ante las cámaras.

—Palau —me dijo visiblemente emocionado—, quisiera pedirle algo muy especial en esta última noche. Creo que a varios de nosotros nos gustaría que usted orase otra vez. Muchos deseamos recibir a Cristo pero aún no lo hemos hecho. ¿Podría guiarnos en oración a Dios para que podamos repetir las palabras con usted?

El estilo de preguntas y respuestas hace que el televidente se identifique con los diversos problemas y situaciones, y se examine a sí mismo a la luz de las Escrituras. A veces llegamos a aconsejar durante varias horas luego de que concluye el programa ya que la gente continúa llamando.

Después del éxito inicial de la televisión en Quito, comenzamos a hacer el programa a intervalos de pocos meses, y más tarde acordamos tenerlos cada vez que hubiera una cruzada. De esa manera, la gente podría comprender la importancia del evangelio en la vida diaria, y los televidentes podrían ser invitados a las reuniones en el estadio.

* * *

Casi a fines de la década del '60 Jaime Mirón, recién graduado de un seminario teológico, se unió al Equipo y se hizo experto en aconsejar, especialmente en cuestiones familiares. Desde un primer momento yo me había resistido a que se me acusara de llegar como tromba a una ciudad, celebrar una serie de reuniones de evangelización y después marcharme dejando todo en el aire. Como siempre tuvimos en nuestro corazón la idea de un ministerio integral, empezamos a anunciar la apertura de CENTROS DE CONSULTAS FAMILIARES en las distintas ciudades donde teníamos cruzadas. Los resultados han superado todas las expectativas.

Gente de todas las edades y niveles sociales acude en busca de soluciones a sus problemas. También se atiende a quienes llaman por teléfono al programa de televisión y necesitan consejos más profundos, o a los que no pueden comunicarse con el canal o tal vez son muy tímidos para llamar. Hemos descubierto que esa combinación de televisión, reuniones en el estadio y centros de consulta, tiene un poderoso impacto en la población.

Del ministerio de estos Centros de Consultas han surgido consejeros entrenados en todos los pueblos y ciudades en que hemos tenido campañas. Durante las cruzadas mucha gente acude en busca del consejo bíblico que Jaime y los consejeros ofrecen, y centenares vienen a Cristo cuando lo ven a El como la respuesta a sus problemas.

Además de coordinar los centros de consulta y de entrenar a consejeros locales, el ministerio incluye la contestación de millares de cartas de los oyentes de nuestros distintos programas.

* * *

Uno de los aspectos más cruciales de la estrategia total son LAS CRUZADAS. Aunque lógicamente no son la respuesta a todos los problemas, por otra parte dan visibilidad al evangelio, hacen que los creyentes se unan y trabajen unidos, elevan la imagen del cristiano y hacen que los pequeños grupos de creyentes se sientan animados al saberse parte de un cuerpo más grande.

Nunca falta quien critique y niegue la efectividad de las campañas. Muchos consideran que una cruzada evangelística masiva está desconectada de la iglesia local, aunque muchos evangelistas hemos comprobado que se trata de **una extensión ideal de dicha iglesia local.**

Otros alegan que las campañas de evangelización son una pérdida de tiempo y dinero. Sin embargo, rara vez se discute el gasto a veces millonario de ciertos programas de mejoramiento social, aunque sus resultados sean mínimos —o nulos. Pero aunque se gaste una fracción de ese dinero en predicar el evangelio en una cruzada, la gente ya alza las manos en son de protesta. Realmente el tema llega a cansarme. En vez de dedicarme al ataque y a la crítica, como hacen muchos, prefiero dedicarme a predicar el evangelio de nuestro Señor Jesucristo.

He llegado a la conclusión de que la mayoría de las excusas en contra del evangelismo masivo son sólo un pretexto para tapar la verdadera causa. Quienes critican el evangelismo masivo y favorecen el evangelismo personal, han pasado años sin mover un dedo ni ganar a una sola persona para Cristo. Por otra parte, los líderes cristianos muchas veces no quieren comprometerse con el trabajo de discipulado que debe seguir a la campaña.

Además hay quienes están convencidos de que si queremos ayudar a la gente y deseamos mejorar la sociedad, debemos hacer todo cuanto está a nuestro alcance... menos predicar el evangelio.

Cierta vez un profesor universitario me hizo el siguiente desafío:

—Palau, ¿cómo puede ser que ustedes vayan de país en país predicando a Cristo cuando la gente tiene tantos problemas económicos y sociales? ¿Acaso no pueden hacer algo más práctico?

—No —repliqué—, en realidad no hay mejor manera de prestar ayuda. Uno puede ayudar a los que pasan hambre —y nosotros lo hacemos. Pero es la gente de este mundo quien crea los problemas de este mundo. Si podemos guiarlos a Cristo, crearemos un clima para que a su vez ocurran otros cambios prácticos más tangibles.

El día previo al lanzamiento de una de nuestras cruzadas en 1984 un periodista me hizo la misma pregunta, y mi respuesta fue:

—La conversión a Jesucristo es el cambio más grande que pueda experimentar el ser humano. La vida de una persona cambia, y esa persona también cambia para con su familia, para con el trabajo y para con la sociedad en general.

Siempre he tenido pasión por los huérfanos y las viudas, y dentro de lo que está a nuestro alcance los ayudamos. Hemos ayudado también a alimentar a los pobres, pero por cierto que no creemos que la comida sea la única respuesta a las necesidades más íntimas del hombre.

* * *

En dependencia de Dios, LA ACCION SOCIAL MAS EFECTIVA es ganar a la gente para el Señor Jesús. El evangelio de Jesucristo es la única solución eficaz para cambiar vidas de raíz —tanto aquí como para la eternidad.

El evangelio es MEDICINA PREVENTIVA. Las organizaciones de acción social y las distintas entidades de gobierno invierten fortunas fabulosas tratando de restringir las fuerzas corruptoras de la sociedad. Pero ¿cuánto costará prevenir la fragmentación de las familias, el abuso de los niños, el uso de drogas? Ni todo el dinero del mundo puede liberar de la esclavitud y opresión de una vida en pecado. El cambio debe ser interior, y sólo Dios puede efectuarlo. Unimos nuestra voz a la del apóstol Pablo: *"Pues no me avergüenzo del evangelio, porque es poder de Dios para salvación a todo aquel que cree"* (Romanos 1:16). Cuando una persona confía en el Señor Jesús como su Salvador, Dios realiza una transformación completa de los pensamientos, actitudes y acciones.

Entrevista en el popular programa "DOMINGOS PARA LA JUVENTUD" en Buenos Aires, 1986. (Foto por Omar Ortiz)

El evangelio es también MEDICINA CORRECTIVA para los males de la sociedad. Cada país está plagado de elementos que lo corrompen. La medicina preventiva es una solución tardía para el alcohólico, por ejemplo. En ese caso se necesita más que prevención, se requiere un cambio radical.

El ejemplo del alcoholismo es una clara ilustración del efecto correctivo del evangelio en una persona. Cuando a un escéptico se le dice que alguien dado a la bebida ha entregado su vida a Jesucristo, preguntará: "¿Y con eso qué?". Pues bien, hemos sido testigos de alcohólicos que luego de haber aceptado a Cristo en su corazón, abandonaron la bebida y se convirtieron en personas de bien, productivas, con deseos de servir a Dios. Eso es acción social.

Si en verdad queremos revertir la caída de la sociedad y cambiarla en forma drástica, lo menos que podemos hacer es proclamar el evangelio transformador de Jesucristo, y las cruzadas masivas de evangelización son una excelente herramienta para tal fin. (Véase capítulo *"27 razones para el evangelismo masivo"*)

* * *

Mis métodos y mi forma de actuar nacieron como resultado de la manera en que fui criado. Mi pasado tenía raíces profundas en una pequeña iglesia cristiana. Este antecedente me guardó de querer independizarme de la iglesia local. Siempre había sido parte de una congregación, y no tenía intenciones de imponer nada por mi cuenta.

Como Equipo nuestra meta siempre ha sido la saturación de una ciudad a través del TRABAJO CON, PARA Y A TRAVES DE LA IGLESIA LOCAL. Las iglesias de cada lugar son nuestros mejores aliados en una cruzada. Y seguimos mirando al futuro a muchos años de trabajo conjunto, cooperación y comunión con la iglesia de Jesucristo en Latinoamérica y todo el mundo.

Siempre he reconocido la importancia de las charlas con periodistas y las conferencias de prensa. Aquí en la ciudad de Buenos Aires, abril de 1986 (Foto por Omar Ortiz)

Para nosotros fue claro que la conjunción de un evento evangelístico y un profundo trabajo de conservación de frutos y discipulado, contribuiría a un amplio avance en el proceso de crecimiento integral de la iglesia. Ya no sería cuestión de planear cruzadas con la esperanza de que las iglesias involucradas crecieran. Usando los principios de crecimiento de la iglesia para preparar el terreno, las congregaciones experimentarían crecimiento incluso antes de la cruzada en sí.

El argumento era simple. Si las iglesias crecían antes de las campañas, sin lugar a dudas continuarían creciendo durante y aun después de la cruzada evangelística propiamente dicha. Incluso crecerían sin un esfuerzo de evangelismo masivo. El rol de la cruzada sería cosechar en forma más abundante en una tierra que ya habría sido preparada.

* * *

Por la gracia de Dios hemos tenido el privilegio de ver la conservación de resultados de los nuevos convertidos; hemos ayudado a plantar iglesias; hemos producido películas evangelísticas y video-tapes; hemos escrito artículos, folletos y libros; hemos sacado a la luz una revista informativa y otra "para alimentar a los pastores que alimentan al rebaño"; hemos grabado programas de

Nuestro ministerio literario se ha multiplicado y contamos con producciones a casi 20 idiomas. Aquí una veintena de títulos en castellano. (Foto Alicia Mejías, E. Unilit)

radio y televisión; hemos establecido planes para ayudar a los necesitados; hemos organizado reuniones especiales con hombres de negocios, profesionales, damas, deportistas, jóvenes, niños y pastores; hemos tenido encuentros con gobernantes y hemos seguido llevando adelante las consultas familiares en todas las ciudades donde hemos celebrado cruzadas. También ha sido un gran gozo poder animar a jóvenes a dedicarse totalmente a la obra del Señor.

El sueño de llegar a las multitudes y causar impacto a nivel de toda una ciudad se hacía más y más grande. Después de todo, si uno cree que puede suceder en un pueblo, ¿por qué no puede llegar a ocurrir en todos los pueblos, en las ciudades... y en un país? Ese fue el trampolín para lo que luego fue el sueño audaz de evangelizar todo un continente. Queríamos saturarlo todo. Niños, jóvenes, mujeres, políticos, profesionales, estudiantes, hombres de negocio, trabajadores, ateos, religiosos... todos.

El plan era muy vasto, pero los hermanos coincidieron en que no era imposible. El Dios todopoderoso seguía siendo nuestro Dios.

Para llegar a la meta se demandaban métodos específicos, y había que utilizar todo lo que estuviese disponible. Si queríamos llegar a todos, teníamos que pensar en todo. A través de los años este concepto nos ha llevado a tratar de descubrir cuáles son los problemas que afectan a cada país, qué angustias sufre la gente, qué se cuestionan. Una frase del evangelista R.A. Torrey tuvo un gran impacto en mi forma de encarar la predicación: "Cuando predicas y miras al público, imagina que todos tienen un signo de interrogación en su rostro. Trata entonces de descubrir qué es lo que cada uno se está preguntando". A partir de allí, Jesucristo es presentado como la respuesta a todas las necesidades a través del perdón de pecados y la nueva vida que El ofrece.

* * *

Los momentos más importantes de las dos décadas que siguieron podrían llenar varios libros, pero deseo limitarme a aquellos sucesos que más afectaron mi vida personal y espiritual.

En el apéndice de esta obra se han compilado algunas de las tantas experiencias y momentos gloriosos con que nos ha bendecido y animado el Señor en ésta, su obra de evangelización. Mi oración es que al leer acerca de los milagros que hemos vivido y las grandes puertas que el Señor ha abierto en tierras lejanas, usted, hermano, dé gloria al Señor por tener un Dios tan grande, por tener un Dios que puede volver a repetir las maravillas en las vidas de quienes con corazones diligentes buscan cumplir su voluntad.

PREDICANDO A GOBERNANTES

Si tenemos grandes sueños de lo que el Señor puede hacer en un país, hay que pensar en todos los niveles.

El énfasis de alcanzar a los pobres se ha difundido notablemente en un continente como el latinoamericano, pero eso no signfica que debamos descuidar otros estratos de la sociedad. Uno de mis primeros sueños fue alcanzar a personas cultas y de las clases altas.

En nuestro continente la más grande respuesta al trabajo del evangelio se ha visto entre la clase obrera, y como resultado hemos descuidado a las clases altas. Lamentablemente, tampoco hemos dado la importancia debida al poder y la influencia de los líderes nacionales y gubernamentales. Mi objetivo siempre ha sido saturar a toda la nación con el evangelio.

Quien gobierna desea lo mejor para su pueblo: paz, seguridad, . felicidad y prosperidad. Lo maravilloso es que Dios también lo desea, no sólo para el individuo sino también para las naciones. En la Biblia hallamos que decenas de veces Dios dirige su mensaje a las naciones y a sus gobernantes.

> *Si se humillare mi pueblo, sobre el cual mi nombre es invocado, y oraren, y buscaren mi rostro, y se convirtieren de sus malos caminos; entonces yo oiré desde los cielos y perdonaré sus pecados, y sanaré su tierra.* (2 Crónicas 7:14)

En días en que la caída del siglo XX es evidente en todos los aspectos de la sociedad, la promesa divina "sanaré su tierra" es una promesa que, como embajadores de Dios, queremos compartir con los dirigentes de los distintos países que visitamos. En medio del fracaso de nuestra civilización, estas palabras son poderoso bálsamo que proclama las bendiciones materiales y espirituales que Dios desea dar. La nación que se humilla, busca a Dios y se convierte de sus malos caminos, puede sobrevivir al caos y disfrutar de la promesa divina.

Este mensaje de Dios que hallamos en 2 Crónicas es un desafío para el estadista moderno. Yo siempre insto a los gobernantes a que lo practiquen y hagan que su nación lo ponga en práctica. Y les recuerdo que si lo hacen, Dios bendecirá con grandeza inigualable. ¿Acaso no nos recuerda la Biblia repetidamente que las naciones que teman al Señor serán bendecidas por El? (Salmo 115; Deuteronomio 6; 1 Samuel 12; Deuteronomio 28; Salmo 25:14; Proverbios 9:10). Esto es algo que los líderes gubernamentales deben oír. Pero ¿cómo oirán sin haber quien les predique? (Romanos 10:14).

Dios decidió encomendar un ministerio especial al apóstol Pablo, y refiriéndose a él declaró: *"Me es instrumento escogido para llevar mi nombre en presencia de los gentiles, y de reyes, y de los hijos de Israel"* (Hechos 9:15 BA). Estoy convencido de que también en nuestro día el deseo de Dios es que su Palabra sea llevada a quienes están en eminencia.

Recuerdo que durante mi viaje al seminario de Portland, en los Estados Unidos, conocí a un diplomático de la India, cristiano, y quise averiguar cuál era el mejor método para acercarse a los presidentes y los altos funcionarios.

—¿Qué estrategia usa usted para llegar a ellos? —le pregunté.

Me rodeó con su brazo y sonrió:

—Jovencito —me dijo—, no hay métodos. Lo único que hay que hacer es amarlos.

Al principio creí que me estaba tomando el pelo y no me quería compartir su secreto. Con el tiempo me fui dando cuenta de que ése fue uno de los consejos más sabios que he recibido.

Desde aquel entonces me he reunido con líderes de todo el mundo para predicarles las Buenas Nuevas de Jesucristo. Sin embargo, algunas veces siento la tentación de deslizarme a métodos persuasivos o al protocolo político y diplomático en vez de ser directo y admitir que lo que más necesitan y ante lo que más rápidamente reaccionan es una demostración de amor e interés genuinos.

Ministerio especial a profesionales y hombres de negocios. Aquí durante uno de los almuerzos de evangelización. (Foto por Miguel Rock)

A través de los años, muchos presidentes, gobernadores, alcaldes y distintos funcionarios de gobierno nos han pedido que les hablemos de la Palabra de Dios y el evangelio del Señor Jesús.
—Ore por mí —me piden con frecuencia—. Lo necesito.
Como resultado de las cargas y presiones de sus puestos y del tipo de vida que estiman deben llevar para tener éxito, estas personas muy rara vez se sienten auténticamente amadas. Muchas incluso se emocionan hasta las lágrimas cuando les digo que sólo quiero orar por ellas.

Luego de uno de nuestros desayunos presidenciales de oración, el primer magistrado me hizo pasar a su despacho y me confesó:
—Palau, mis subalternos se me cuadran y me llaman "general", pero en lo íntimo de mi corazón me siento tan temeroso como un niño de 12 años.

Necesitan el sencillo y poderoso mensaje del evangelio de Cristo tanto como lo necesita el hombre de la calle. Recuerdo que cierta vez en Europa se había organizado un banquete con varios integrantes de la nobleza. Yo debía ser el orador luego de la comida. Me recomendaron en forma especial que la princesa tal y tal y el príncipe tal y cual y que esa Dama y aquel otro Conde se ofenderían si se los confrontaba con las exigencias directas del evangelio. Para mi sorpresa una de las princesas se acercó a mí y me dijo sin rodeos:
—Quisiera hacerle dos preguntas importantes. La primera es ¿puede uno tener la seguridad de la vida eterna? En segundo lugar, ¿hay algún método efectivo para leer la Biblia a los hijos y orar a Dios diariamente?
—¿De modo que uno tiene que andarse con vueltas por el solo hecho de que pertenecen a la realeza? —me pregunté. Ya sabía la respuesta. Las preguntas directas de aquella princesa me habían dado la clave.

Como resultado de nuestra conversación y según me comunicó en una carta posterior, la princesa aparentemente ha confiado en Jesucristo como su Salvador.

Poder compartir el amor y las exigencias de Cristo con líderes del gobierno es un aspecto emocionante y singular de nuestro ministerio. Dentro del respeto que merece la investidura de cada gobernante, he procurado ser fiel al Señor y he predicado la justicia para pobres y necesitados, y el camino eterno para salvación de los líderes políticos y sus familias.

Vez tras vez el Señor ha puesto en mi corazón el deseo de compartir con ellos las palabras de Dios en 1 Samuel 2:30. *"Yo honraré a los que me honran''*. Creo que si Dios logra capturar los corazones y las vidas de quienes están en eminencia en una nación, esa nación puede abrirse al evangelio y transformarse para gloria del Señor. Lo hemos visto suceder. Al comenzar este libro mencioné un ejemplo clarísimo.

Dios nos ha abierto infinidad de puertas, y nos ha dado muchas oportunidades y muchos triunfos para su gloria.

El alcalde de una populosa ciudad asiática entregó su corazón al Señor en un almuerzo que tuvimos con políticos, empresarios y profesionales en nuestra cruzada allí.

Un presidente latinoamericano que había aceptado el mensaje de Jesucristo en una de nuestras visitas a su país, fue depuesto por una revolución. Al tiempo uno de mis compañeros lo encontró en el aeropuerto internacional de Miami, y este ex presidente anunció a mi colega: "Dígale a Palau que sigo fiel a Cristo".

En una actividad evangelística que tuvimos en una de las islas del Pacífico Sur, dos oficiales de gobierno asistieron a uno de los eventos y luego manifestaron haber entregado sus vidas al Señor Jesús.

Por otra parte he aprendido que algunos de quienes yo creía más cerrados al evangelio, a menudo resultan los más abiertos y receptivos. Aunque estas personas en altos puestos de gobierno en apariencia muestren rechazo, en su interior desean el mensaje de salvación.

Recuerdo que una vez mi esposa y yo estábamos en las Islas Británicas y el alcalde de una ciudad nos invitó a comer. Cuando llegamos y lo saludamos, advertimos que sus manos temblaban. Obviamente estaba nervioso. Nos sentamos y me ofreció un trago.

—No, gracias, —le dije, pero él se sirvió uno.

Luego me enteré de que había estado tan nervioso por nuestro encuentro que había bebido bastante antes de nuestra llegada. Conversamos un rato, luego pasamos al comedor, bromeamos y hablamos de diferentes temas. Fue entonces que el alcalde comenzó a tranquilizarse. Luego nos confesó la razón de su intranquilidad.

—Tenía una idea muy distinta de un evangelista —dijo a los postres—. Pensé que usted trataría de convertirme inmediatamente.

—No. Yo siempre me tomo mi tiempo —le contesté. Para ese entonces habíamos entrado en confianza y me sentí en libertad para bromear con él.

Mientras conversábamos, señaló la cruz que lucía colgada en

su pecho como emblema de autoridad, y confesó: —Voy a sacarme esta cruz. La tenía puesta porque creí que debía impresionarlo, pero me doy cuenta de que no es preciso.

—Claro que no —repliqué.

—Palau, hemos comido juntos y usted aún no me ha hablado de su fe. Hágalo, por favor —me pidió con sinceridad.

Fue entonces que compartí el evangelio con él. El hombre no entregó su vida a Cristo esa noche. Sin embargo, su corazón estaba abierto al mensaje y a las verdades de Dios.

Nuestra responsabilidad como cristianos es simplemente ser obedientes y estar listos para que Dios nos use.

Mi sueño es que gente de otras naciones mire a un país que está despertando a Dios y se pregunte: "¿Qué está sucediendo allí?".

Y que entonces descubra la respuesta: "Ese país está siendo transformado por Dios".

NUESTRO EQUIPO HOY... Y AYER

A través de los años Dios ha ido dirigiendo al equipo a personalidades claves y profesionales de distintos países. Hemos establecido oficinas en Argentina, Australia, Canadá, Estados Unidos de América, Gran Bretaña, Guatemala y México (esta última destruida por el terremoto de 1985).

Para mí siempre ha sido un privilegio colaborar con los miembros del Equipo en la multiplicación de los ministerios que el Señor nos ha dado. En los lugares que visito a menudo digo que este ministerio no sería tal sin el trabajo incansable de cada uno de mis compañeros y colegas.

Porque soy el evangelista y estoy en lugar visible, el reconocimiento lo recibo yo. No obstante, cada uno de mis compañeros debe ser conocido y recordado en forma muy especial por su labor tan fructífera en la obra del Señor.

Dios nos ha abierto puertas a nivel internacional, y muchos serían los nombres para incluir, pero me remito en esta obra a los colegas que ministraron y ministran al mundo hispanohablante en particular.

(Las esposas de los colaboradores no han sido mencionadas, pero como ayuda idónea llevan a cabo una función vital).

HOY
Oficina Internacional

Dr. Jaime Mirón. Ha trabajado a mi lado durante más de veinte años. En este momento es vicepresidente del ministerio de consejos. Ampliamente reconocido en todo el mundo latino y también a nivel internacional, Jaime dirige los centros de consulta en cada una de nuestras cruzadas, es director general de todo el ministerio de consejos --a cargo de la contestación de las millares de cartas que llegan a las oficinas pidiendo ayuda y dirección-- y está al frente del entrenamiento de consejeros por medio de cursos especiales. Por otra parte, el Dr. Mirón tiene también a su cargo la supervisión general de los ministerios en América Latina.

Angel Bongiorno, argentino, periodista y productor de radio y televisión. Habiendo sido misionero en Colombia, y luego de trabajar durante más de 10 años en Bonaire con Radio Transmundial (donde fue gerente de la transmisión en español como asimismo director de programación de la emisora), comenzó a trabajar como parte de nuestro equipo. Está a cargo de la producción de nuestros programas radiales "CRUZADA" y "LUIS PALAU RESPONDE", y de los noticieros radiales que se transmiten en todo el continente.

Leticia Calçada. Escritora, traductora e intérprete, y asimismo editora de todos mis escritos en la lengua de Cervantes.

Apolos Garza. Oriundo de México, trabajó como misionero en España durante veinte años. Goza de un precioso testimonio junto con su esposa, y actualmente está activo en el ministerio carcelario. Don Apolos es parte de la Junta Directiva de nuestro Equipo.

Oficina Buenos Aires

Dr. Rubén Proietti: Líder cristiano porteño, hace más de diez años que coordina campañas. Está al frente de nuestra oficina en Buenos Aires y actúa en el mundo hsipanohablante como director de cruzadas. Proietti, miembro del Comité de Lausana, es un firme defensor de las cruzadas satélites durante un esfuerzo de evangelización, y tuvo a su cargo la concreción de las cuatro campañas más exitosas en América Latina (Perú '85, Bolivia '78, Argentina '86 y Paraguay '82 --Ver apéndice A, *"20 años en un pantallazo"*).

En 1972 nuestro equipo estaba integrado por (de izq. a der.) Marcelino Ortiz, Edgardo Silvoso, Juan Guillermo, Brus del Monte, yo, Guillermo Villanueva, Aldo Alemán y Jaime Mirón.

Rev. Ricardo Loguzzo, de la provincia de Santa Fe, se trasladó a Buenos Aires para ser administrador del Equipo en la Argentina y coordinador de cruzadas. Hace más de una década que ministra en nuestro medio.

Carlos Barbieri, periodista y coordinador de cruzadas. En su trabajo durante la campaña en el Perú, organizó la más grande concentración de niños llevada a cabo en Latinoamérica.

Con un excelente aunque reducido personal, nuestros colegas en la capital argentina además tienen a su cargo la coordinación radial, de películas y la producción de nuestra revista Continente Nuevo. Por otra parte, los compañeros argentinos han logrado que el ministerio allí sea un pilar de autoridad y respeto en el liderazgo cristiano de su país y del resto de la América hispana.

Matilde Palau, la mayor de mis hermanas, ha sido parte de la oficina en Buenos Aires durante varios años, y colabora en distintos aspectos del ministerio.

Oficina Guatemala

Prof. Benjamín Orozco, guatemalteco nativo y respetado líder cristiano en su país, ha sido parte de nuestro Equipo desde 1973. La oficina en Guatemala (que cuenta con un grupo de hermanos y hermanas totalmente dedicados al ministerio de evangelización) en este momento es el centro geográfico de contestación de cartas de consejo. Desde allí también se ministra en el área literaria y fílmica, y se organizan conferencias regionales y cruzadas en Centroamérica y México con el valioso aporte de **Carlos Quiroa,** joven coordinador y teólogo.

AYER

A través de todos nuestros años de ministerio hemos tocado y hemos sido tocados por muchas vidas. Un gran número de compañeros han ayudado a hacer esto posible. Muchos han prestado su colaboración, algunos durante un tiempo breve, de uno a tres años; otros por un tiempo más largo, entre tres y diez años; y los amigos más viejos ministraron en nuestro medio hasta quince y veinte años.

La mayoría eran jóvenes sin demasiada experiencia pero con gran pasión por las almas y la evangelización. Algunos otros eran hombres más experimentados y más fogueados en las cosas de Dios. Ambos grupos fueron de gran bendición y permitieron llevar a cabo los planes que como equipo teníamos en nuestro corazón.

Prácticamente el 100% de estos hermanos sigue ministrando en diferentes lugares. Algunos incluso tienen sus propios ministerios y equipos.

Pastor Aldo Alemán, cantante. Empezó su trabajo en nuestro equipo en Colombia junto con José Latrop. Tuvo una tarea magnífica en el ministerio de multiplicación, en retiros pastorales, desafiando a los líderes de la iglesia a una vida santa y al evangelismo. Se dedicó luego al ministerio con SEPAL (Servicio Evangelizador para América Latina) en la República Argentina.

Javier Ayala, argentino, por más de una década pilar fundamental en el ministerio radial del Equipo como director y productor de nuestras transmisiones en toda la América hispana. Javier además tuvo gran parte en la consolidación de nuevos convertidos luego de las cruzadas latinas. En el último tiempo sintió el llamado de Dios para trabajar en el discipulado de nuevos cristianos y en la edificación de las iglesias cristianas evangélicas hispanas.

Dr.Roberto Azzati, abogado de Argentina, orador radial, en varias ocasiones evangelista asociado en diferentes campañas, y ahora líder de su equipo de evangelización. En la actualidad es Director del Seminario Teológico Presbiteriano Latinoamericano.

Pepe Caballero, prestigioso periodista de Bolivia, fue coordinador del departamento de comunicación social en Argentina durante su tiempo con el Equipo. En el presente se dedica a la producción de programas radiales cristianos y prosigue su tarea periodística en un prestigioso periódico transdenominacional argentino.

Guillermo Conard, a quien conocí en Arequipa cuando él era misionero en el Perú, tuvo un excelente ministerio con nosotros desde la ciudad de México como director fundador de la revista Continente Nuevo. Ahora está a cargo de una reconocida publicación denominacional.

Pastor Luis Delgado, méxico-americano. A nuestro lado tuvo a su cargo actividades variadas que incluyeron enseñanza de la Biblia, coordinación de cruzadas y ayuda en el ministerio de consejos. En este momento trabaja en México organizando seminarios sobre la familia.

Brus del Monte fue parte del equipo desde los primeros días, y desarrolló sus dones como excelente músico y coordinador de programas radiales. Ahora al frente de IMPACTO, su propia organización y equipo evangelístico, desde donde prosigue con su ministerio musical.

Guillermo Fasig, también músico. Trabajé con él desde los inicios en Argentina. Con el tiempo Guillermo se convirtió en organista y sonidista de la Asociación Evangelística Billy Graham.

Tomás Fulghum estuvo a cargo de la producción y coordinación de los programas radiales a fines de los años '70. Ahora ministra en Quito, Ecuador, como alto directivo de la emisora HCJB.

Jaime González, de Ecuador, coordinó nuestras actividades en ese país y asimismo en Bolivia, Chile y Nicaragua. Jaime ahora trabaja con su denominación en tierra ecuatoriana.

Juan Guillermo trabajó a mi lado desde los comienzos y tuvo a su cargo el ministerio de cruzadas. Ahora ministra en San José de California como director de ministerios transculturales entre diferentes grupos étnicos y pastores.

Stanley Jeter, nacido en Cuba, a cargo de los medios masivos de nuestro equipo durante más de diez años, ahora es productor de programas de televisión cristianos y ocasionalmente colabora en la realización de especiales televisivos para nuestro ministerio.

Rev. Mardoqueo Jiménez, de Honduras. Fue evangelista asociado en varias cruzadas. Actualmente es pastor de una iglesia en la ciudad de Guatemala.

Marcelo Laffitte, de Argentina, a cargo de los medios masivos en Sudamérica durante unos años, y ahora director fundador del periódico interdenominacional El Puente —el órgano de información cristiana de mayor circulación en el Cono Sur.

José Latrop tuvo una intensa labor en nuestro medio desde los primeros años en Colombia, y tiempo después en México. Además de su trabajo como coordinador de cruzadas, su talento en el arte fue vital en el área de publicidad. Con el correr de los años se convirtió en director de un campamento cristiano.

Ramón Méndez, de la República Dominicana, fue representante de nuestro ministerio en ese país y coordinador de la cruzada dominicana.

Pbro. Marcelino Ortiz, de México, durante casi veinte años formó parte del Equipo y fue mi consejero personal, director de los ministerios en México y director de nuestra revista de noticias "Cruzada". Respetado teólogo y maestro de Biblia en todo el continente, Marcelino es ahora decano de un seminario teológico en la ciudad de México y se dedica a la evangelización en su país.

Dr. Omar Ortiz, de México, colaborador en la administración de la oficina mexicana. En la actualidad, junto con su esposa dedicado a la odontología.

Manuel Paredes, de Perú, fue durante dos años representante de nuestro equipo en su país, desde donde colaboró en la distribución de literatura.

Bruno Radi, de Argentina, importante figura en la implementación del plan Rosario y luego eje fundamental del plan de discipulado y del "hermano mayor", crucial en el ministerio de conservación de resultados de nuestro equipo. Ahora Bruno prosigue con este aspecto del ministerio a través de su denominación y en forma itinerante.

Edgardo Silvoso, de Argentina, se casó con Ruth, mi hermana menor. Durante los años en que trabajó con nuestro equipo, ideó el famoso "Plan Rosario" de crecimiento de iglesias. Juntamente con Bruno Radi creó el "Manual de Discipulado y del Hermano Mayor", material que utilizamos en todas nuestras cruzadas. Luego fue fundador de Evangelismo de Cosecha, equipo que preside actualmente.

Vidal Valencia, de México, al margen de trabajar en su país en su vigorosa y pujante iglesia, ha ministrado y aún ministra en nuestros retiros de pastores y líderes.

Galo Vásquez, de Ecuador. Durante su tiempo con nuestro Equipo llevó a cabo el ministerio de coordinación --desde actividades entre los niños y cruzadas hasta el gigantesco plan Continente '75. Galo es director de VELA, Visión Evangelizadora Latinoamericana.

Rev. Ruperto Vélez, de Colombia. Luego de un tiempo de trabajo en nuestro Equipo, comenzó a ministrar en su país natal como maestro de Biblia itinerante.

Guillermo Villanueva, mexicano, trabajó en nuestro medio como evangelista asociado. En este momento es evangelista con su propio equipo, y trabaja especialmente en México. Guillermo y su esposa tienen una familia ejemplar que ha servido de modelo, inspiración y testimonio viviente.

Muchas otras personas y organizaciones han compartido con nosotros en el ministerio, y han invertido tiempo y energía para gloria y honra de Dios. Lo han hecho ya sea como líderes en sus países o trabajando en esta obra de evangelización. Con mis compañeros miramos hacia el futuro a muchos años de cooperación y comunión con la iglesia de Jesucristo en América Latina.
Nuestros corazones rebosan de gratitud a Dios.

No a nosotros, oh Jehová, no a nosotros sino a tu nombre da gloria, por tu misericordia, por tu verdad.
(Salmo 115:1).

Nuestro equipo latino en 1988. (De izq. a der.) Jaime Mirón, Javier Ayala, Rubén Proietti, Benjamín Orozco, un servidor y mi hijo Kevin David. (Foto Greg Schneider)

27 RAZONES PARA EL EVANGELISMO MASIVO

El evangelismo masivo es un método de obediencia a Jesucristo en el área tan crucial de comunicar la gracia de Dios a los hombres. Como método no es sagrado ni perfecto, pero no hay métodos perfectos. El método es simplemente un vehículo. Sólo la persona del Señor Jesucristo, la verdad del mensaje del evangelio, el fundamento de la Escritura y la unción del Espíritu pueden hacer que un método sea eficaz.

En tanto el Señor siga inspirando en ciertos creyentes la pasión por las multitudes, el evangelismo masivo tiene gran futuro. Siervos de Dios como D.L.Moody, Juan Wesley y Billy Graham, todos practicaron evangelismo masivo —y sus vidas han tocado a millones. La influencia de cada uno puede sentirse aún hoy. Y por la gracia Dios otros siervos como ellos serán levantados por el Señor en el futuro.

El evangelismo masivo continúa siendo una de las herramientas más poderosas que Dios ha puesto en nuestras manos— particularmente en esta generación. ¿Por qué? Porque hoy el evangelismo masivo significa no sólo multitudes en auditorios y estadios, sino también el uso de la televisión, la radio y todos los medios modernos para comunicar el evangelio de Jesucristo.

Creo enfáticamente en el futuro del evangelismo masivo por las siguientes razones:

RAZON 1: A través de cruzadas unidas, el evangelismo masivo comunica la verdad de Dios a millares y millares de personas. Nuestro objetivo es agradar a Dios, y el Nuevo Testamento declara claramente que el profundo deseo de Dios es que prediquemos el evangelio. Dios se complace cuando anunciamos su mensaje de salvación a las multitudes. No podemos alegar que la responsabilidad no es nuestra. La salvación es de Dios, pero El usa a personas como instrumentos para comunicar su verdad al mundo.

RAZON 2: A través del evangelismo masivo, ciudades enteras y a menudo naciones, son conscientes de que Dios está obrando, y el mensaje del evangelio se convierte en tema del momento. Hay interés y expectación en las conciencias de millares. En hogares, oficinas y restaurantes la gente habla acerca de Dios y de la Biblia, lo cual se convierte en puente maravilloso para llegar a las almas de los hombres. Los creyentes de pronto descubren que abundan las oportunidades para testificar.

RAZON 3: El evangelismo masivo capta la atención de líderes nacionales y llega a segmentos de la sociedad de otra manera inaccesibles. Cuando los líderes se dan cuenta de que se reúnen multitudes o hay gran impacto en los medios de comunicación, a menudo están dispuestos a escuchar. Del mismo modo que gobernadores (Hechos 13) y reyes (Hechos 26) prestaron oídos al apóstol Pablo, hoy también los líderes de naciones deben oír la Palabra de Dios.

RAZON 4: Las cruzadas de evangelismo masivo pueden alcanzar a personas con hambre espiritual, perdidas en nuestras vastas áreas metropolitanas. Como Cornelio en Hechos 10, están esperando las Buenas Nuevas de Dios. El evangelismo masivo atrae a esta gente a la cruzada, donde a menudo responden al evangelio y son transformados por el poder de Cristo.

RAZON 5: La explosión demográfica demanda cruzadas de evangelismo porque constantemente hay nuevas generaciones que tienen que escuchar. Incluso en ciudades ya evangelizadas, cada nueva generación debe tener la oportunidad de responder al evangelio.

El evangelismo masivo es evangelismo personal multiplicado por mil, complementa los esfuerzos de la iglesia local y satisface las necesidades a una escala que la iglesia local no puede lograr.

Nuestro mandamiento es evangelizar a toda criatura. Jesús dijo en Lucas 14: *"Fuérzalos a entrar"*. El evangelismo masivo no sólo llega a millares en forma directa, sino que también estimula a los creyentes a testificar de Cristo diariamente.

RAZON 6: Cada día mueren 200.000 personas en el mundo, y un alto porcentaje se enfrenta a una eternidad sin Cristo. No hay justificación para permanecer pasivo e indiferente. Quienes se dirigen a la muerte y al infierno deben saber que la salvación por fe en Jesucristo se ofrece a todo aquel que cree.

Mi Equipo y yo no podemos hacerlo todo —pero hacemos nuestra parte. Lo mismo puede hacer cada cristiano. Y cuanto más hagamos, mejor.

RAZON 7: El deber que ha sido descuidado en el pasado requiere medidas extraordinarias en el presente. No nos engañemos. Aunque el ideal es que a través del testimonio diario el Cuerpo de Cristo sature la tierra con las Buenas Nuevas de Dios, no es lo que sucede.

Porque hemos descuidado nuestra responsabilidad evangelística cotidiana, debemos entonces sembrar la semilla y echar la red en forma agresiva. Esta generación se ha comportado como si tuviéramos toda la eternidad para evangelizar al mundo, pero el tiempo se está acabando. Millones están muriendo. ¿Cuánto tiempo más esperaremos para empezar a ganar almas para Cristo?

RAZON 8: El evangelimo masivo tiene una atracción especial para la juventud. A pesar de que a menudo los jóvenes parecieran indiferentes al cristianismo, en cruzada tras cruzada son quienes más responden. En vista de que más de la mitad de la población mundial tiene menos de 25 años de edad, debemos hacer énfasis en un método que atraiga a la juventud a Jesucristo.

RAZON 9: Una de las funciones del evangelismo masivo es probar el terreno y revelar cuáles son los segmentos de la población que responden al mensaje. Esto ayuda a plantar iglesias locales. El evangelismo masivo indica dónde hay puertas abiertas para un continuo crecimiento de la iglesia.

RAZON 10: El evangelismo masivo —practicado en el poder del Espíritu Santo y basado en la Palabra de Dios— ayuda a los creyentes a presentar al mundo un frente unido. El escándalo de divisiones dentro del cristianismo requiere que se realicen cruzadas unidas. Digamos al mundo que nos amamos y tenemos las mismas verdades fundamentales. Cuando se rompen barreras y se dejan atrás animosidades, los creyentes experimentan como nunca antes *"el amor de Dios que ha sido derramado en nuestros corazones por el Espíritu Santo"* (Romanos 5:5).

Cuando Dios obra a través del evangelismo masivo unido, hay sanidad espiritual en el Cuerpo de Cristo. Los creyentes descubren la realidad de las palabras de Jesús: *"Para que todos sean uno, como tú, oh Padre, en mí, y yo en ti; que también ellos sean uno en nosotros; para que el mundo crea que tú me enviaste"* (Juan 17:21).

La presencia de Dios y la bendición de los esfuerzos unidos de evangelismo pocas veces se experimentan en otras circunstancias. La promesa de Dios del Salmo 133 de pronto cobra vida: *"Cuán bueno y cuán delicioso es habitar los hermanos juntos en armonía... allí envía Jehová bendición y vida eterna"*.

Las cruzadas masivas unidas dicen al mundo que tenemos una fe en común que nos une en el amor de Jesucristo y en amor entre nosotros. *"En esto conocerán todos que sois mis discípulos",* dijo Jesús, *"si tuviereis amor los unos con los otros"* (Juan 13:35).

RAZON 11: El evangelismo masivo permite llegar a "los intocables" con la Palabra de Dios. Por intocables me refiero a las clases altas, los profesionales, los académicos, los escritores, los artistas y gente del espectáculo, a quienes en muchas naciones no se alcanza con el mensaje de Dios. El evangelismo masivo que utiliza todos los medios de comunicación tiene un increíble poder de penetración.

RAZON 12: El evangelismo masivo provee una plataforma histórica para que la voz de Dios sea proclamada a una nación a través de su pueblo.

Al proclamar la Palabra de Dios a una escala que no puede ser ignorada, una cruzada masiva unida obliga a una ciudad a confrontarse con el Dios viviente. De esa manera el evangelio puede sacudir a toda una ciudad —incluso a una con millones de personas. Y esa ciudad nunca volverá a ser la misma porque todos sus habitantes habrán escuchado el mensaje de Dios.

RAZON 13: En el poder del Espíritu Santo, el evangelismo masivo echa fuera los poderes de las tinieblas que dominan ciudades y naciones enteras. El poder de las fuerzas de la oscuridad se rompe cuando el Cuerpo de Cristo —en obediencia al mandamiento del Salvador— se mueve en una ciudad o un país a nivel masivo con la proclamación del evangelio.

Un esfuerzo unido fuerza a los creyentes a batallar en una lucha espiritual que desafía el poder de Satanás. Esa guerra espiritual hace que la iglesia se afirme en la fe para caminar en santidad, para pensar espiritual y estratégicamente y para proclamar el poder de la sangre de Cristo.

RAZON 14: Aunque el evangelismo masivo tiene como propósito primordial la salvación de inconversos, una cruzada también trae regocijo a los cristianos que se juntan por millares para oír la proclamación de la Palabra de Dios.

Los inconversos se salvan y los cristianos se gozan. De pronto pueden llegar a imaginar en parte lo que será la celebración en el cielo, según se describe en Apocalipsis 7:9-10, *"Una gran multitud, la cual nadie podía contar, de todas naciones, tribus y pueblos y lenguas, que estaban delante del trono y en la presencia del Cordero... y clamaban a gran voz, diciendo: La salvación pertenece a nuestro Dios, que está sentado en el trono, y al Cordero"*.

RAZON 15: Al tiempo que los creyentes son entrenados para discipular a los nuevos creyentes de la futura cruzada, la comunidad cristiana toda recibe consejo y dirección de parte de pastores. Los cristianos se alistan a ayudar a los nuevos convertidos, y encuentran respuestas a preguntas que solían hacerse. El entrenamiento de los obreros de la cruzada une a los creyentes de los varios segmentos del Cuerpo, haciendo que las debilidades de un segmento se equilibren con los puntos fuertes de otro. De esta manera se aboga por el objetivo expresado en Efesios 4:12, *"a fin de capacitar a los santos para la obra del ministerio, para la edificación del Cuerpo de Cristo"* (BA).

RAZON 16: Una y otra vez el hecho de estar involucrados en evangelismo masivo produce resultados muy positivos en cada cristiano. Los creyentes son sacudidos, reavivados y transformados. Quienes antes se sentían desanimados y solos, de pronto están entusiasmados en cuanto al evangelio y a la parte que les toca en la proclamación. Hay un sentido de unidad en todo el Cuerpo de Cristo.

RAZON 17: El evangelismo masivo realza la imagen de la cristiandad bíblica. En muchas naciones la gente cree que los cristianos en su mayoría son ignorantes, anticuados y tontos. Una cruzada exitosa deja una profunda impresión que honra a Dios y resulta en nuevas oportunidades para compartir el evangelio de Cristo.

RAZON 18: El evangelismo masivo pone en uso todos los dones del Espíritu Santo para gloria de Dios. Una cruzada a nivel de toda una ciudad es un trabajo gigantesco, pero cuando los cristianos de esa ciudad comparten la responsabilidad de la cruzada, se ponen en funcionamiento los dones espirituales. Los creyentes sienten el llamado del Señor de que **ahora** es tiempo de servir al Salvador con sus dones.

RAZON 19: En cada cruzada muchos creyentes por primera vez guian a Cristo a otra persona. El evangelismo masivo provee oportunidades para que todo creyente crezca y se desarrolle en evangelismo. Aun los cristianos tímidos son motivados en virtud del estímulo provisto por la atmósfera de trabajo de la campaña. Muchos creyentes que experimentan el evangelismo a través de una cruzada, deciden luego dedicarse al ministerio de evangelización. Algunos cristianos —incluso pastores y líderes— nunca han tratado de guiar a otro a Cristo. ¿Por qué no evangelizan? No porque no quieran sino porque no saben hacerlo. El evangelismo masivo supera los obstáculos enseñando con el ejemplo.

RAZON 20: El evangelismo masivo pone los medios de comunicación al servicio del Creador soberano. Creo que Dios permitió la invención de la moderna tecnología de comunicación para que la utilicemos proclamando su evangelio. De esta manera, cuando la televisión, la radio, películas y publicaciones se convierten en instrumentos de Dios, cumplen su santo propósito de redimir y bendecir a la humanidad.

Dios puede usar a todos y todo para glorificar su nombre. Toda la creación fue hecha para gloria de Dios, y por lo tanto debe ser puesta a su servicio. Los medios masivos pueden captar la atención de un público indiferente y dirigirla hacia la predicación de la salvación eterna en Jesucristo —el mejor mensaje que puedan recibir.

RAZON 21: El evangelismo masivo resulta en crecimiento de iglesias y en el comienzo de nuevas. En nuestros años de ministerio, luego de cruzadas masivas hemos visto centenares de nuevas congregaciones y gran cantidad de iglesias experimentando crecimiento sólido.

La cantidad de nuevos convertidos a través de la acción soberana del Espíritu Santo, es la razón más obvia para este gran esfuerzo. Pero además las campañas masivas también pueden aumentar la visión de los líderes de las iglesias para el crecimiento e iniciación de nuevas congregaciones.

RAZON 22: Como resultado de campañas evangelísticas masivas, muchos reciben llamados a ministerios de tiempo completo. Esto a menudo sucede con jóvenes quienes después de probar el gozo del trabajo en una cruzada, no se conforman con nada menos que servicio completo al evangelio de Jesús.

Incluso muchos de los líderes cristianos de hoy en todo el mundo respondieron al llamado de Cristo durante campañas masivas en el pasado. Dios mediante, esos mismos puestos de liderazgo en el siglo XXI serán ocupados por aquellos que hoy están respondiendo a la voz de Dios en las cruzadas masivas.

RAZON 23: El evangelismo masivo actúa como catalizador para otras formas de evangelismo y enseñanza bíblica. Las cruzadas abren puertas para distintos ministerios, puertas que de otra manera tal vez no se abrirían. Durante las cruzadas masivas los creyentes están más dispuestos a iniciar nuevos métodos de ministerio y evangelismo.

RAZON 24: La confesion pública de la fe en Cristo refuerza en la mente de un individuo su decisión para con Cristo.

Una campaña masiva de evangelización da como resultado millares de personas que hacen confesión pública de su fe en Jesucristo, y nosotros a veces olvidamos qué experiencia tan profunda es esto para cada individuo. Al tomar este paso en presencia de una multitud, la decisión interior se afianza. Los vecinos, amigos y parientes observan cuando la persona entrega su vida al Señor Jesús y abre su alma no sólo a Dios sino también a todo el Cuerpo de Cristo. Un bien planeado ministerio de consolidación reafirma y refuerza esa decisión una vez más.

De la misma manera que los apóstoles pedían de los creyentes bautismo público y visible, en el evangelismo masivo la respuesta pública al evangelio habla de resultados cuantiosos y duraderos.

RAZON 25: El evangelismo masivo crea un clima de justicia y honestidad en todos los aspectos de la vida nacional. Tal atmósfera abre las puertas para que el Cuerpo de Cristo tenga influencia en la sociedad como sal de la tierra y luz del mundo.

Millares se convierten y sus vidas se transforman. La ciudad y la nación entera podrá ser afectada en el aspecto económico, político y social. Sucede hoy en muchos países. Mientras más gente se convierte, tanto más se ve el efecto en la sociedad. De manera que la proclamación del evangelio lleva a un positivo avance social.

RAZON 26: El evangelismo masivo conduce a una renovación espiritual dentro de la iglesia. En la historia muy pocos avivamientos surgieron sin que también haya habido grandes movimientos de evangelización. Los testimonios de grandes cruzadas son suficiente evidencia de que el evangelismo activo produce avivamiento

Compartiendo sueños y planes con pastores luego de una comida.

en la iglesia. Los apartados regresan, los inmaduros crecen, los creyentes se animan y los pastores se fortalecen.

RAZON 27: Por último, el evangelismo masivo glorifica a Dios y es agradable a sus ojos.

Glorifica a Dios porque proclama la santidad de su nombre y exalta la persona y la obra de su Hijo. El evangelismo comunica la gracia de Dios al proveer salvación a través de la muerte sustitutoria de Cristo y su poderosa resurrección de entre los muertos. El evangelismo advierte del juicio venidero y anuncia nuestra esperanza de vivir eternamente con Dios en el cielo. Y todo se hace ante multitudes como testigos.

El corazón de Dios se alegra cuando la fragancia de su conocimiento se esparce por doquier. Aun cuando nadie se convirtiera —aunque por supuesto millares lo hacen —el evangelismo masivo debiera ser nuestro propósito porque exalta a Dios ante las multitudes. ¡Qué experiencia maravillosa!

¿Tiene futuro el evangelismo masivo? Mi respuesta es un categórico SI. ¿Por qué? Porque Dios bendice aquello que trae gloria a su nombre.

Desde nuestra perspectiva humana, esto es todo lo que cuenta. Lo hacemos para El. Y creo que quienes practican el evangelismo masivo ahora y en el futuro, serán movidos a exclamar con el apóstol Pablo: *"Al Rey de los siglos, inmortal, invisible, al único y sabio Dios, sea honor y gloria por los siglos de los siglos. Amén"* (1 Timoteo 1:17).

EL TESORO DE MI FAMILIA

A medida que aumenta el alcance de nuestro Equipo y se sigue haciendo más internacional, vez tras vez las memorias de mi niñez vuelven a conmoverme.

Cuando en 1977 regresé a Buenos Aires para una gran cruzada juvenil, dos sucesos habrían de hacer impacto en mí.

En una de las reuniones una señora se me presentó, pero no hubiera necesitado hacerlo. La reconocí de inmediato. Era Micaela, quien solía cuidar de nosotros cuando éramos niños. Aunque la habíamos hecho renegar bastante, ella siempre se sintió tocada por la forma en que vivía nuestra familia. Después de la muerte de papá, ella había quedado muy bien impresionada por la confianza en Dios que había mostrado mi madre. Y allí estaba Micaela, que tiempo atrás había entregado su corazón a Jesús y ahora estaba activa en la iglesia local. ¡Qué gran gozo a mi corazón!

En aquel mismo viaje fui invitado a predicar en la capilla de Ingeniero Maschwitz que décadas atrás había construido mi padre y a la que yo había asistido durante gran parte de mi niñez. En esa ocasión una de mis tías me dio un himnario que don Eduardo Rogers le había obsequiado a papá poco después de su conversión, de modo que ese himnario era muy valioso para mí.

Cuántos recuerdos inundaban mi mente mientras esperaba que me tocara predicar. Sentí un nudo en la garganta al ver a mis sobrinitos —que se parecían bastante a mí treinta años antes— sentados en los primeros bancos.

Me puse a hojear aquel himnario y noté que el señor Rogers lo había firmado y le había marcado a papá el número de una página. Busqué el himno. Casi rompo a llorar cuando mis recuerdos me llevaron nuevamente a Córdoba. Tenía yo 18 ó 19 años cuando en una de nuestras reuniones de jóvenes sugerí que se cantara ese mismo himno. Lo había elegido a la ligera, pero recuerdo que al cantarlo me había emocionado hasta las lágrimas. El himno decía:

> ¡De ovejas cuantas vagan! Del redil muy lejos van;
> En la montaña tristes con frío y hambre están;
> O en tenebroso bosque, en medio del zarzal,
> O en peña peligrosa, expuestas a gran mal.
>
> Vayamos a buscarlas
> En el nombre del Señor,
> Y gran gozo habrá para quien podrá
> Atraerlas al Pastor.
>
> Felices nos haría el así poder hablar:
> "Pastor, hemos salido tus ovejas a buscar;
> Y lejos las hallamos, después de pruebas mil,
> Y aquí te las traemos, que estén en tu redil".

Mi corazón de muchacho se había sobrecogido y apenas había podido seguir cantando, seguro de que Dios me estaba llamando para que encontrara a las ovejas que se habían descarriado. Y lo maravilloso era que después de treinta años, sentado en la iglesia donde había crecido, me daba cuenta de que el himno que en mi juventud me había llevado a una entrega más profunda al Señor era el mismo himno que el señor Rogers le había señalado a mi padre en el himnario...

Obviamente no me resultó fácil predicar en aquella reunión. No hubo grabación ni se tomaron fotografías, pero aquel culto permanece en mi memoria de manera vívida.

Ese día otra vez más tomé conciencia del impacto que había tenido la muerte de mi padre en mi ministerio. Mi anhelo es que hombres y mujeres perdidos vengan a Cristo, que sus vidas se transformen y puedan marchar de esta tierra cantando, como lo hizo papá.

La fidelidad del Señor fue evidente en los largos años de viudez de mamá. Sin embargo, en diciembre de 1981, 37 años después de la muerte de papá, mi madre contrajo nuevas nupcias, y desde

Mi madre siempre ha sido una influencia bendita en mi vida. Ella nos ha ayudado en los Centros de Consulta en varias ciudades. (Foto por Ake Lundberg)

ese día ella y su nuevo esposo han estado disfrutando de la vida como dos jovencitos que recién se han enamorado. Es maravilloso observarlos. Fue un casamiento singular, y para mí fue muy conmovedor tomar parte en la ceremonia. Mi madre se casó con Roberto Dibble, un tío mío viudo. Es por ello que ahora siempre hago referencia al día en que mi tío se convirtió en mi padre y mi madre se convirtió en mi tía...

Conscientes siempre del profundo impacto que tuvieron mi padre y mi madre en mi vida, cuando con Patricia nos casamos le dijimos al Señor que queríamos que El fuera el centro de nuestra familia, que deseábamos ser bendición a nuestros niños así como nuestros padres habían sido bendición para nosotros.

Nuestros cuatro hijos han sido cuatro preciosos regalos de Dios. Los mellizos David y Keith, luego Andrés y después Esteban, cada uno ha sido y es fuente y motivo de gozo.

Mi trabajo en el ministerio y mis viajes siempre han presentado el desafío de un equilibrio con mis responsabilidades familiares. El tiempo que paso fuera de casa, viajando, no es el único problema. Otra cuestión que merece cuidado es cómo paso el tiempo que estoy en casa. A través de los años he experimentado la importancia de apartar largos ratos exclusivamente para la familia, algo que siempre me ha encantado hacer.

Cuando estoy en casa, de lunes a viernes nos levantamos 40 minutos antes de la hora correspondiente, leemos la Biblia y compartimos juntos un momento informal. Recuerdo que a veces los muchachos estaban medio dormidos, pero era un tiempo precioso. Con el correr de los años fue una bendición ver que ellos lo querían hacer por sí solos.

Desde que eran chiquitos me gustaba ir a sus camas antes de que se durmieran para orar con cada uno. Además usábamos libros infantiles de historias bíblicas y devocionales. No estoy sugiriendo que mis hijos siempre daban la bienvenida al ritual. Había veces en que costaba terminar nuestro momento de quietud porque ellos hacían comentarios tontos y hasta burlones de lo que leíamos, pero otros días se entusiasmaban y disfrutaban a lo grande. Estos encuentros con nuestros hijos y Dios fue enriqueciendo nuestras vidas y plantando la semilla para que cada uno de ellos a su tiempo entregara su vida al Señor Jesús.

Recuerdo que cuando Esteban se bautizó hace poco tiempo, yo elevé mi oración de gratitud a Dios: "Gracias, Señor, por los cuatro tesoros que me has dado. Y gracias porque ahora el que faltaba se ha bautizado dando testimonio de su fe".

Desde que los niños eran pequeños Patricia y yo comenzamos a enseñarles la importancia del diezmo, aun cuando tuvieran una ínfima cantidad de dinero. Esas pequeñas contribuciones pueden no haber parecido importantes en aquel tiempo, pero ahora los cuatro aman mucho al Señor y la ofrenda es una parte importantísima en sus vidas —y lo hacen con gozo.

Mis hijos siempre han hablado de su fe con orgullo y alegría, tal vez mucho más de lo que Patricia y yo lo hacíamos. Creo que en parte se ha debido a la amistad que siempre hemos tenido con

¡Cuánto le agradezco a Dios por mi esposa Patricia, que ha sido bendición y apoyo en mi ministerio! (Foto por José Grimes)

misioneros, y al impacto que eso produjo en sus vidas. Además de amar al Señor, aman la obra misionera. Los mellizos siempre han sentido una carga especial por la evangelización del mundo musulmán, y por un tiempo se dedicaron a este ministerio. Ahora tanto David con su preciosa esposa Michelle, como así también Keith (quien se casó con la bonita Gloria, una fiel muchacha cristiana) están colaborando en nuestra asociación evangelística, coordinando cruzadas, trabajando y soñando conmigo en la evangelización para proclamar en toda la tierra el mensaje de Jesucristo.

Con Patricia siempre quisimos enseñar a nuestros hijos no sólo valores espirituales sino también amor y respeto por la iglesia. Somos miembros activos de una iglesia local. Aunque viajamos gran parte del año a distintas cruzadas y conferencias, ésa no es excusa para no tener parte en nuestra iglesia y permanecer sujetos a los ancianos. Consideramos importante consultar con ellos algunas decisiones en cuanto a la familia y a veces en cuanto al ministerio. Nuestra amada congregación es otra de las bendiciones de Dios en nuestra vida.

En 1980 Patricia y yo estábamos juntos en una cruzada cuando ella se descubrió un pequeño bulto en el pecho. Apenas regresamos a casa fuimos a ver al médico. Después de todos los análisis indicados el doctor nos llamó.

Durante un momento nos quedamos sin habla, tratando de comprender las palabras del facultativo.

—Es un tumor maligno y hay que hacer cirugía radical en forma inmediata. No podemos esperar. Es grave.

La familia Palau en pleno: (de izq. a derecha: Michelle y David, Patricia y Luis, Esteban, Andrés, Keith y Gloria)

Ahora que nuestros hijos han crecido, Patricia tiene más oportunidades de unirse a mí en las cruzadas. Luego de su lucha con el cáncer, su ministerio se ha extendido notablemente. (Foto por Pedro Avery)

La operación se efectuaría el lunes siguiente. Patricia, mi esposa, tenía cáncer.

Cuando llegamos a casa me encerré en mi pequeña oficina. Debía acostumbrarme a la terrible realidad. Cientos de emociones se apoderaron de mí y comencé a llorar. Nos estábamos enfrentando a un hecho que podía suceder a otros pero no a mi esposa, no a Patricia. Habíamos estado casados durante veinte años y la amaba tanto como el primer día. Además los muchachos aún la necesitaban. La idea de que tuviera cáncer era demasiado trágica. No podía ser verdad. Quería estar a solas con Dios. Lloraba de impotencia. ¿Y si el Señor decidía llevársela? De pronto mis pensamientos fueron interrumpidos por la melodía de un viejo himno. ¿De dónde venía? Mis cuatro hijos estaban en la escuela. En casa sólo estábamos mi esposa y yo. Entonces me di cuenta —era Patricia quien se había sentado al piano y cantaba:

> Cuán firme cimiento se ha dado a la fe,
> de Dios en su eterna Palabra de amor...

Me avergoncé. Yo estaba allí a solas orando con Dios, y a pesar de que nuestra vida parecía estar haciéndose pedazos, ella había hallado fuerza y seguridad en el fundamento firme de su fe en Jesucristo. Unos días después de la operación le confesó a una de sus amigas:

—¿Sabes? ¡Me sentí tan segura en los brazos del Señor Jesús! Sentí que El estaba tan cerca de mí...

Mi esposa es callada pero tiene una gran fuerza interior en Jesucristo, de manera que cuando viene la crisis no hay timidez. El Señor Jesús estaba allí y Patricia confiaba y descansaba en El.

Muchos amigos, gente conocida y creyentes de todo el mundo rogaron a Dios por la sanidad de Patricia. El Señor tuvo misericordia y la sanó. Desde ese momento Dios la ha estado utilizando para aconsejar y animar a gente con graves problemas. Después de haber sufrido la agonía de una enfermedad muy seria, ella comprende qué es el dolor. Comprende qué es estar sola en un hospital en compañía de un ramo de flores y una enfermera que venga a dar los buenos días. Patricia ahora entiende a los que sufren, los puede consolar con conocimiento de causa y los puede animar en el Señor.

Luego de su enfermedad inició su gran ministerio escrito, con artículos para diferentes revistas y publicaciones cristianas. Además cuando me invitan a diferentes cruzadas, también la invitan a ella para que ministre a las damas. Incluso a veces la invitan a ella y a mí no. Patricia es incansable, puede seguir en actividad durante días y días, gozosa del privilegio de estar activa en la obra del Señor.

Mi esposa siempre ha sido muy equilibrada y serena, muy pensante, mientras que yo tengo una personalidad explosiva y desbordante. Por ejemplo, ella nunca se deja arrastrar por el entusiasmo de los resultados de una campaña de evangelización. No es su estilo. Es posible que lo comente con otros creyentes, pero nunca hace alarde ni actúa como si estuviera profundamente impresionada. Le gusta analizar las cosas con tranquilidad. En realidad es una buena combinación y un magnífico equilibrio para lo que a veces es desborde jubiloso de mi parte. Nos complementamos a las mil maravillas. Como sucede con todos los cristianos, hemos pasado por pruebas y dificultades, por momentos de gozo y por tribulación, pero Dios nos ha mostrado su amor y su cuidado en forma constante. El es fiel. Lo hemos experimentado vez tras vez.

Doy gloria al Señor por la bendición tras bendición que ha impartido en mi vida a través de mi amada familia.

APRENDIENDO A ORAR

Empecé a orar con fe cuando tenía unos 20 años. Aunque anteriormente creía en la oración y había orado, la primera vez que probé a Dios por mi cuenta fue al poco tiempo de haber ido a vivir a la ciudad de Córdoba. Por conflictos gremiales, la oficina donde trabajaba había estado en huelga por 42 días. En casa no había dinero. Mamá, mis hermanas y Jorge, mi hermanito pequeño, todos se sostenían con el sueldo que yo ya no estaba cobrando. Cuando se levantó la huelga y la empresa reabrió sus puertas, tuve que pedir dinero prestado para viajar los 15 kilómetros de casa al trabajo.

Un día me cansé de la situación. Debíamos dinero a todo el mundo. Además había leído un libro sobre la vida de Jorge Müller, el misionero que tanto había orado y tanto había recibido de Dios para su ministerio entre los huérfanos. (Ver capítulo 20 pág. 94). Dije: "Señor, voy a confiar en ti. Llévame al trabajo sin tener que pedir prestado. Quiero ver si contestas mi oración. No he tenido experiencias de respuestas concretas, y quisiera que tú me contestaras". Pensé que el Señor me iba a responder permitiendo que encontrase dinero en la calle, camino de mi casa a la parada del ómnibus. Era la única posibilidad que se me ocurría.

A la mañana siguiente me levanté temprano; tenía un gran entusiasmo. Sin embargo, para que vean cuán pequeña era mi fe, debo confesar que me levanté más temprano que de costumbre para llegar caminando hasta el trabajo en caso de que el dinero no apareciera. Recuerdo que era un día muy nublado. Fui lentamente hasta la parada del ómnibus al tiempo que miraba hacia el suelo buscando el dinero. Creía que alguien sin darse cuenta habría dejado caer unas monedas. Sin embargo no encontré nada.

—A cuatro cuadras hay otra parada de autobús —me dije.

Seguí caminando, todavía esperanzado de hallar el dinero. Llegué hasta la siguiente parada pero tampoco encontré las monedas. Me sentía un poco desanimado.

—Pues sucede que no tengo fe —traté de razonar—. Eso es todo. Tal vez encuentre lo que busco si comienzo a caminar hacia el centro de la ciudad.

De pronto vi a un hombre tratando de sacar su automóvil del garaje para poder arrancarlo. Me acerqué y le pregunté: "¿Quiere que lo ayude?" El hombre asintió encantado. Empujamos el auto hacia la calle. El motor arrancó sin dificultad y el coche desapareció en la neblina matinal. Yo seguí caminando, todavía buscando las monedas para pagar el boleto del ómnibus.

Como tres cuadras más adelante oí parar un auto; era el hombre a quien había ayudado hacía pocos minutos.

—Me siento realmente avergonzado —explicó—. Usted fue muy servicial conmigo y yo lo dejé a pie. ¿Adónde va?

—Hacia el centro de la ciudad —respondí, y le expliqué dónde exactamente.

—Yo trabajo en el edificio de enfrente. Venga, suba.

Allí estaba la contestación de Dios. Usted podría alegar que es un ejemplo pueril. No obstante, ésa fue la primera respuesta clara de Dios a una oración mía. No como yo esperaba, pero El me contestó. Empecé con algo pequeño, pero imagínese cómo me sentí.

Ya les·comenté cómo al leer por primera vez sobre el invento de la televisión, me puse a soñar en cómo podría usarse para transmitir el evangelio a cientos de millones de personas. Fue muy pequeña mi imaginación en cuanto a cuán efectiva podría ser esa herramienta en nuestras cruzadas de evangelización.

Un amigo mío, rico y con mucho amor al Señor, está entusiasmado con la posibilidad de alcanzar a la gente por este medio. En muchas oportunidades me ha dicho:

—Luis, cada vez que tengas una campaña, pagaré por lo menos una noche de televisión, y si puedo pagaré dos o tres.

Es muy grato tener amigos así, pero a pesar de que es un hombre extraordinario, debo admitir que me cuesta bastante llamarlo. Así que de vez en cuando es El quien me llama.

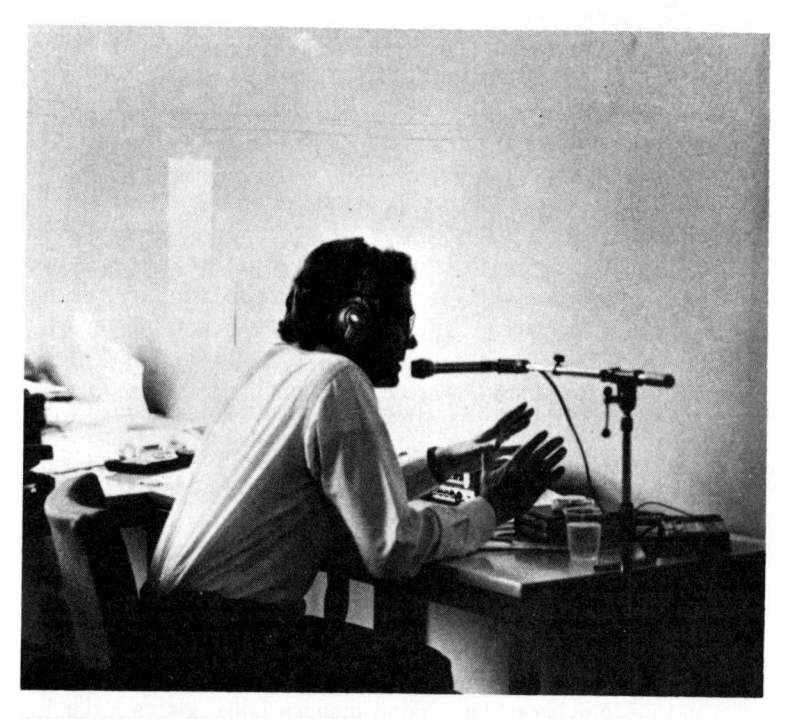

"LUIS PALAU RESPONDE" y "CRUZADA" son los dos programas radiales diarios que hemos transmitido durante más de dos décadas a una audiencia que hoy se estima en 20 millones en más de 20 países.

—Luis, no me has llamado. ¿Acaso no tienen cruzadas? ¿No necesitan dinero?

Bueno, por supuesto que tenemos cruzadas, y por supuesto que necesitamos dinero para transmitir el evangelio por televisión, pero igualmente vacilo en llamarlo. Nosotros también somos así con el Señor. Sin embargo, El desea que pidamos todo en su nombre:

> *Y todo lo que pidiereis al Padre en mi nombre, lo haré, para que el Padre sea glorificado en el Hijo. Si algo pidiereis en ni nombre, yo lo haré.* (San Juan 14:13-14)

No lo dice una sola vez sino dos veces en el mismo versículo. Es como si tuviera que explicarlo: —Miren, voy a repetirlo para que les quede bien claro. Anímense a hacer grandes oraciones, y luego observen cómo las hago realidad.

¡Pero atención! Como sucede con otras promesas en las Escrituras, ésta también tiene una condición "para que el Padre sea glorificado en el Hijo". Esa es la clave. Si nuestro ruego es que el Padre sea glorificado y enaltecido, el Señor nos contestará. Por esa razón, cuando oramos por oportunidades para predicar a Cristo y por los recursos necesarios, podemos estar seguros de que El no nos va a decepcionar.

Cuando Esteban, mi hijo menor, tenía sólo seis años, siempre me pedía cientos de cosas —como suele suceder con niños de esa edad. Sus pedidos a veces eran inauditos. Pero a mí me encantaba que viniera y me hiciera peticiones. Por regla general si lo que Esteban solicitaba estaba dentro de mis posibilidades, yo se lo daba. Después de todo es mi hijo.

Nuestro Padre Celestial también desea que nos lleguemos a El con nuestras peticiones. El se deleita en respondernos.

Cuando hace años estuvimos en la ciudad de Lima, Perú para una cruzada en la plaza de toros, queríamos que se hiciera un videotape con los mensajes para usarlos luego en otros países. La televisión era bastante costosa, sin embargo en mi corazón sentía paz pues sabía que Dios enviaría el dinero.

Le dije a nuestro coordinador: "Hay que firmar el contrato con el canal de televisión. De alguna manera Dios nos va a dar los medios". Podríamos haber pedido un préstamo pero no lo hicimos. Tampoco dijimos al director del canal que íbamos a comenzar sin tener un solo centavo.

Tres días después de que empezara la cruzada recibí un cable de mi esposa en el que me decía: "Alabado sea Dios. Una iglesia envió exactamente el dinero que necesitan". Yo no tenía la menor idea de que llegaría esa ofrenda, pero los hermanos mandaron la cantidad exacta. Dios manejaba y dirigía las cosas.

A los 20 años de edad sólo había tenido fe para pedir unos pocos centavos. Años más tarde pude creer que el Señor daría el dinero para la televisión, e hicimos el contrato. De una forma u otra Dios iba a proveer. Costó práctica y experiencia en la fe, y uno nunca termina de aprender.

A mediados de la década del '70, mientras organizábamos una cruzada en Nicaragua, Dios mostró que estaba deseoso de responder nuestras más grandes oraciones. Al comienzo el presupuesto para la campaña de evangelismo masivo sólo permitía una limitada cobertura radial de las reuniones, pero el plan se amplió y pensamos en una red satélite que alcanzaría por radio a veinte países de habla hispana. Luego alguien sugirió:

—¿Por qué no usar también la televisión? ¡Cubramos todo el continente!

Comprendimos entonces que ante la magnitud de la visión—alcanzar de una sola vez con el evangelio a 200 millones de hispanohablantes— y de lo que podría costar el proyecto, debíamos arrodillarnos ante el Señor. Oramos encomendando a Dios la gigantesca empresa, y le pedimos que proveyera el dinero necesario. Dijimos AMEN, convencidos de que El supliría todo.

Lo hizo. Cuando llegaron las cuentas y concluyó toda la contabilidad, había entrado prácticamente hasta el último peso.

Un año después una vez más ampliamos nuestra visión para el evangelismo y le pedimos al Señor medio millón de dólares. Parecía ridículo que unos pocos misioneros osáramos pedir esa cantidad. A pesar de todo creíamos que el Señor iba a proveer.

Luego me puse a pensar con más detenimiento. Por cierto que seguía deseando que el Señor supliera nuestras necesidades financieras, pero no podía tomar tan literalmente las palabras de Juan 14:13-14 y decir: "Señor Jesús, tú prometiste dar todo lo que pidamos en tu nombre, por lo tanto te pido 500.000 dólares para el ministerio".

De modo que comencé a "venderle" nuestra visión a Dios. La rebajé un poco, diciendo: —Señor, necesitaríamos unos 20.000 dólares este mes porque tenemos la cruzada en México; y el mes próximo vamos a necesitar...

De pronto me di cuenta de lo que estaba haciendo y me dije: "¡Qué ridículo! El Señor conoce todos los planes. No es ninguna novedad para El cuando le digo que necesitamos medio millón de dólares".

El no nos dice que tenemos que convencerlo, tratando de venderle nuestra idea para que así nos dé lo que pedimos. El sólo dice: **Pidan.**

Pero en el ejercicio de la oración no sólo es cuestión de pedir dinero y recibir. No quiero dar esa impresión. Luego que oré por aquellos primeros centavos, Dios ha continuado contestando muchas oraciones —oraciones por decisiones importantes, por tremendas necesidades, por seguridad, por personal, por sabiduría... y las respuestas de Dios han dado como resultado una fe renovada y en aumento.

Por otra parte, como predicador del evangelio es vital que pase mucho tiempo en oración por los inconversos. Esto me ayuda a tener compasión y una actitud tierna hacia las personas que me escuchan. Nunca olvidaré los gloriosos ratos de oración con el hermano Bentson en Córdoba, cuando me enseñó lo que es tener visión por los perdidos.

Además he descubierto lo importante de llevar un cuaderno de peticiones. Cuando hablo con el Señor y paso tiempo en su presencia, anoto lo que le estoy pidiendo, lo que espero de El, y escribo la fecha. Algunas de las peticiones tienen fechas límites pues necesito la respuesta de Dios para tal o cual momento. Empiezo a hablar del asunto con el Señor, razono con El y leo la Biblia. Si tengo paz en mi corazón con respecto a lo que pido, anoto la petición en mi cuaderno. Es algo que he hecho por años y me ha servido de mucho.

Otro aspecto importante en la oración es la actitud con que nos acercamos al trono de Dios. Durante el tiempo en que me estaba entrenando para ser misionero, comencé a darme cuenta de que las oraciones positivas, de alabanza y de victoria afectaban mi actitud y mi manera de vivir. Uno de los profesores nos preguntó:

—¿Con qué clase de oraciones comienzan el día? ¿Son oraciones negativas, deprimentes, pesimistas, o son oraciones positivas, que reafirman las promesas de Dios?

—¿Se levantan y alaban a Dios por lo que El va a hacer en sus vidas? ¿Acaso le dicen: "Gracias, Señor Jesús, por este nuevo día. Gracias porque a pesar de mis problemas nunca me olvidas ni me abandonas porque vives en mí. Gracias porque Tú eres más grande que cualquier oposición que pueda encontrar en este día. Gracias porque aunque soy tentado, Tú eres más poderoso que cualquier tentación"?

Nuestro profesor siguió diciendo: —¿O acaso dicen: "Señor, me siento miserable. Por favor, ayúdame a vivir este día. Sé que no lo puedo hacer por mí mismo. Y si tuviera que testificar, bien sabes que no sabría qué decir. Así que ayúdame"? ¿De qué manera oran a Dios?

Cuando el profesor terminó, me di cuenta de que aunque yo amaba la Palabra y me encantaba orar, siempre comenzaba el día con una oración centrada en mí mismo, una oración negativa, sabiendo que fracasaría. Decidí que a partir de ese momento empezaría el día con una oración de victoria, recordando que el triunfo es mío porque "Cristo vive en mí".

Sin embargo, uno de los conceptos que solemos olvidar es que nadie puede enseñar a orar a otro. La oración es algo que yo tuve que aprender por mí mismo y que cada creyente tiene que aprender y practicar por sí mismo. Puedo compartir con usted promesas bíblicas, algunas de mis propias experiencias o experiencias de mis amigos, pero realmente no le puedo enseñar a orar.

La oración es como la natación. Es algo que se hace en forma individual. Usted puede leer manuales sobre la oración, puede oír orar a otras personas y oír lo que esas personas dicen sobre las respuestas a sus oraciones, pero hasta que usted no empiece a orar no sabrá lo que en verdad es la oración.

Para aprender a orar usted necesita empezar a orar. No demore un minuto más si la oración todavía no es algo diario y emocionante en su vida. Se lo digo por experiencia.

MI DESAFIO A LOS JOVENES Y A LOS NO TAN JOVENES

<Estamos> llevando en el cuerpo siempre por todas partes la muerte de Jesús, para que también la vida de Jesús se manifieste en nuestros cuerpos.
(2 Corintios 4:10).

Vez tras vez había leído la declaración del apóstol Pablo. No había lugar a dudas, la **muerte** de Jesús debe hacer su obra en nosotros antes de que podamos ver los resultados de la **vida** de Cristo. Ahora bien, mi pregunta era muy simple: ¿Cómo es posible que la muerte de Jesús haga su obra en mí? ¿Qué significado práctico tiene esto en mi vida diaria?

Había otros dos versículos que me dejaban perplejo. El primero hace referencia al grano de trigo que debe caer a tierra y morir antes de dar fruto (Juan 12:24), y en el segundo, Jesús declara que quien no toma su cruz y lo sigue, no puede ser su discípulo (Mateo 16:24).

Aunque escuchaba muchos sermones sobre el particular, no podía entender el asunto del grano de trigo. No sabía cómo hacer un hoyo, caer en él y morir para el Señor de manera que pudiera dar fruto. Y no comprendía qué había querido decir Jesús con eso de "llevar la cruz". Me llevó tiempo entender estas verdades.

Luego de estudiar más el tema, he llegado a la conclusión de que los tres pasajes mencionados, en esencia significan lo mismo. A mí siempre me ha gustado explicarlo de manera gráfica: Cada vez que mi voluntad se cruza con la voluntad de Dios y yo elijo su voluntad en vez de la mía, la muerte de Cristo está haciendo su obra en mí. Cuando decido seguir la voluntad de Dios y no la mía, el grano de trigo cae a tierra y muere para poder dar fruto. Cuando hago la voluntad de Dios en vez de mi voluntad, estoy tomando la cruz de Jesús.

Estos pasajes no se refieren a la decisión inicial que hace un individuo para seguir a Cristo; sí en cambio a las decisiones futuras de cada cristiano, las decisiones de caminar con el Cristo viviente. La primera decisión de seguir a Cristo es sólo el fundamento para las decisiones diarias de seguir al Señor a través de la vida.

En mi adolescencia había decidido obedecer la exhortación que se hace a todo creyente de presentar el cuerpo *"en sacrificio vivo, santo, agradable a Dios"* (Romanos 12:1). Ese fue un paso crucial para mí. Le había dicho al Señor: "No quiero ser un cristiano carnal ni mundano. Señor Jesús, aquí está mi cuerpo, mi alma y mi espíritu. Los presento a ti". Después de hacer esa oración sincera, caí en el error de muchos otros cristianos: supuse que tal decisión se hacía una sola vez en la vida.

El compromiso con Cristo, entonces, no es algo que se realiza una vez y nunca más hay que acordarse. Tampoco elimina para siempre el conflicto de nuestras almas. Debemos seguir escogiendo la voluntad de Dios en lugar de la nuestra. Y cuando lo hacemos, el Señor Jesús —que vive en nuestro corazón por el Espíritu Santo— hará su obra en nosotros en forma dinámica.

Cada vez que escogemos la voluntad de Dios y no la nuestra, la muerte de Jesús está haciendo su obra en nosotros. Morimos a nuestro ego, a nuestro orgullo, a nuestra pasión y a nuestros propios deseos. Cada vez que elegimos la voluntad de Dios, nuestra mirada está en Cristo y no en nosotros mismos, y la vida de Jesús comienza a fluir a través de nosotros. Y porque Dios hace su voluntad en nuestras vidas, puede utilizarnos para impartir vida y bendición a otros.

Por otro lado, cada vez que elegimos seguir nuestra propia voluntad, estamos negando la muerte de Jesús, nos estamos rehusando a llevar la cruz, y nos estamos negando a morir como un grano de trigo para poder llevar fruto.

En mi caso, a menudo tengo que escoger la voluntad de Dios y dejar de lado la mía. Una de las decisiones más difíciles que tengo que tomar repetidamente, es dejar a mi esposa e hijos para ir a predicar el evangelio en una cruzada o una conferencia. Es una gran lucha. Muchas veces preferiría quedarme en casa, pero sé que debo tomar la decisión correcta. Y cuando elijo hacer la voluntad de Dios y no la de Luis Palau, sé que la muerte de Jesús está obrando en mí y la vida de Jesús fluye a través de la mía.

Doy gracias a Dios por los maestros de la Biblia que me enseñaron y me ayudaron en la preparación para un ministerio eficaz. (Foto por Miguel Rock)

Y sé además que Dios me usará para su gloria porque su voluntad se está cumpliendo en mi vida.

Cuando elijo la voluntad de Dios en vez de mi voluntad, la vida de Jesús comienza a mostrarse en mí. No siempre me doy cuenta de lo que está sucediendo pues no soy yo quien lo hace —es Jesucristo viviendo en mí y mostrando su poder a través de mí. No soy yo tratando de servir a Cristo. No soy yo tratando de impresionar favorablemente a la gente. No soy yo tratando de ganar discusiones. Es la vida de Jesús obrando en mí. Es la verdad de Gálatas 2:20 tal como la había explicado el Mayor Thomas en aquella reunión devocional: *"Cristo vive en mí".*

Creo que hay tres pasos esenciales para un gran despertar espiritual en el cristiano y para una consecuente vida de victoria.

En primer lugar, operación limpieza. La plenitud del Espíritu viene por la limpieza interna, personal y genuina. O estoy limpio ante Dios o no estoy limpio. Si ando en la luz de Dios, *"la sangre de Jesucristo"* me está limpiando a cada paso (1 Juan 1:7), y en mi vida habrá amor, alegría, paz.

En segundo lugar, operación fe. *"Sin fe es imposible agradar a Dios"* (Hebreos 11:6). Tiene que haber confianza en las promesas de Dios, pero sobre todo en el hecho de que *"Cristo vive en mí"*. Cuando comprendí esa verdad, pude descansar en Cristo y comencé a triunfar y a ver frutos maravillosos en mi vida personal y en mi ministerio. Es por fe sencilla que experimentamos la unción del Espíritu.

En tercer lugar, la consigna es obediencia perpetua. Debemos seguir la santidad y tener una conciencia transparente ante Dios. Tenemos que ser rudos con el pecado. O crucificamos la carne o estamos acabados.

El Señor dijo a sus discípulos: *"Venid en pos de mí y os haré pescadores de hombres"*. Lo mismo nos dice a cada uno. Nada en este mundo puede compararse a ser un pescador de hombres.

Nuestra graduación es emocionante. El día de nuestra boda es grandioso. El día en que nace el primer hijo (en mi caso mellizos) es inolvidable. Pero la emoción más grande es ganar a alguien para Cristo. Y tiene una particularidad: una vez que uno comienza, ya no quiere parar. Se mete en las venas. Y cuantas más personas uno gana para el Señor, tanto más uno quiere testificar. No hay mayor experiencia en el mundo entero que ser un ganador de almas. Y si cada uno toma esa decisión, Dios podrá usarnos para que centenares y millares se acerquen al Señor Jesús.

Será hermoso cuando en el cielo la gente venga a nosotros y nos diga: "Yo a usted lo conozco. Usted me guió a Cristo".

Corrie Ten Boom, la famosa predicadora holandesa, solía recitar un bonito poema:

> Cuando llegue a esa hermosa ciudad
> Y vea a los santos en Cristo Jesús,
> Espero que alguien me diga:
> "Quien me habló del Señor fuiste tú".

La decisión es de cada uno. Que su oración sea: "Señor Jesús, úsame para ganar a alguien a Jesucristo. Usame aunque me ponga nervioso cuando testifico. Usame para que alguien pueda entrar al reino de Dios". Y que con el poeta digamos:

> Heme aquí Señor, a tus plantas hoy,
> pues a ti consagrar quiero todo lo que soy.

¿Es usted un pescador de almas dondequiera que el Señor le da una oportunidad? ¿Está dispuesto a tener visión de lo que Dios puede hacer a través de usted para llevar a otros a sus pies? Después de todo, Dios no cuenta con plan A, un plan B y un plan C para evangelizar al mundo. Dios sólo tiene un plan —y ese plan somos usted y yo.

Tengo la esperanza de que en nuestra generación veremos un avivamiento histórico. Creo que estamos en una última etapa del evangelismo, etapa en la que cientos de millares de nuevos cristianos están siendo añadidos al redil cada día. Piense en los millones que han venido a Cristo en los últimos cincuenta años. Hoy día hay más cristianos que nunca antes en toda la historia.

Creo que nos estamos dirigiendo al momento cumbre de la historia. Las cosas van de mal en peor, pero eso **no es razón para que dejemos de batallar y de luchar por el bien de las naciones.**

¿Qué sucedería si el Señor no regresara por otras tres generaciones? ¿Qué acaso si en el tiempo de Dios aún deben pasar otras treinta?

Estoy esperando que Cristo regrese en forma asombrosa, cataclísmica, pero hasta ese momento trabajaré, esperaré y oraré por la salvación de los perdidos y el mejoramiento de la situación en los distintos países.

Siempre me ha intrigado la reacción de Dios ante la petición de Abraham por Sodoma y Gomorra (Génesis 18). Abraham le suplicó al Señor que no castigara a las ciudades si aún quedaban unos pocos justos. Dios estuvo de acuerdo en no llevar a cabo el juicio si había aunque más no fuera diez justos. El Señor quiere bendecir las ciudades, los pueblos, las naciones, los continentes. Oremos a Dios para que así lo haga y para que millones de perdidos acepten el mensaje de salvación en Jesús.

Creo que en América Latina veremos naciones que llegarán a tener mayoría de cristianos que profesen una ética bíblica y confiesen el amor de Jesucristo. Si así sucede, esperaré que Dios haga lo que promete: enviar lluvia, cosecha y sanidad. No veo razón para que no suceda. Me conmueve y emociona. Esto es evangelismo.

A Dios sea la gloria por los grandes evangelistas del pasado, por la inspiración que fueron para mí. Gloria a El por los frutos que he visto en este ministerio de evangelización que es Su ministerio. Gloria a El por los centenares de miles y millones de almas convertidas que hemos de ver como fruto del trabajo de millares de jóvenes dedicados al Señor y consagrados a la tarea del evangelismo.

Quiera Dios bendecir el trabajo de cada uno de sus siervos en nuestro continente y en el mundo entero, para que por ese medio hombres, mujeres y niños sigan viniendo al conocimiento de Jesucristo para gloria y honra de Dios. Amén.

Después de una de las reuniones, un consejero atiende a un joven que manifestó su deseo de aceptar a Cristo en su vida. (Foto por Omar Ortiz)

"QUIERO SER EVANGELISTA..."

Es triste admitirlo, pero muchos piensan que los evangelistas se interesan en el dinero o en el lucimiento personal al tiempo que olvidan la visión de multitudes —y hasta naciones enteras— que se vuelvan hacia Dios. Bien, nadie que me conozca podrá que decir que lo que me motiva es el dinero. Nunca me sobró. Hay muchas otras profesiones que me permitirían vivir con más comodidad. De hecho, estaba comprometido en una prestigiosa empresa antes de dedicarme al trabajo cristiano.

No es difícil comprender por qué la gente sospecha que los predicadores, y en especial los evangelistas, tienen problemas de orgullo. Somos una figura pública, el centro de las miradas. La gente puede pensar que somos estrellas del espectáculo.

La publicidad y la admiración también contribuyen a la tentación de sentirse orgulloso, y es cierto que a menudo hay que batallar contra ello.

Constantemente debo recordarme quién soy, que sin Cristo no soy nada. Cuando me felicitan por algún mensaje que doy, aunque agradezco la cordialidad y me agrada que hayan apreciado el sermón, siempre recuerdo una advertencia que leí hace tiempo. Por lo general la gente no piensa en lo que dice —lo dice porque le parece correcto. Además, aunque lo digan con sinceridad, es probable que aún no hayan oído a los grandes predicadores de este mundo, por lo tanto carecen de un juicio objetivo sobre lo bueno o lo malo que haya sido mi sermón.

De modo que nunca tomo muy en serio las alabanzas que recibo. Lo que importa es mi caminar con el Señor. Estoy tan cons-

Preparación previa a la grabación de un programa radial.

ciente de mis debilidades —y por otra parte los miembros de mi Equipo no permiten que lo olvide— que simplemente alabo a Dios porque ha bendecido mi labor a pesar de mis fallas.

Muchos jóvenes entusiastas, algunos estudiantes de seminario, me preguntan:

—Luis, quiero predicar a las multitudes; quiero ser evangelista y ganar almas para Cristo. ¿Cómo llegó usted a abrirse paso para tener campañas unidas?

En el evangelismo masivo no hay tal abrirse paso. Dios dirige y uno aprende a obedecer. Las puertas grandes siempre se abren gracias a pequeñas bisagras. Si un joven siente el llamado de Dios a su servicio, tal joven debe ser fiel y hacer todo lo que Dios le muestre. Debe empezar por ser fiel en lo poco.

Hay que ser humilde, pedirle a Dios que venza el orgullo y la arrogancia; hay que buscar la santidad. Un gran predicador dijo que según sea la santidad de un cristiano, así será su éxito. Un hombre santo es en verdad un arma temible en manos de Dios.

Con frecuencia hablo a los jóvenes sobre las dificultades, sobre los días y las semanas lejos de la familia, y las largas horas en que sólo hay trabajo duro. Les digo que necesitan estudiar la Palabra de Dios; que es imprescindible disponer de un tiempo diario para escudriñar las Escrituras y orar. Además les recuerdo la importancia de leer libros sobre la vida y obra de otros grandes hombres y mujeres de Dios.

También les digo a los jóvenes que si toman en serio su deseo de ser usados por Dios y si El los está dirigiendo, a su tiempo empezarán a ver los resultados (1 Timoteo 1:12-15; 1 Tesalonicenses 5:24).

Muchos evangelistas se rinden después de algunos años, y hay varias razones que los llevan a eso. No siempre es el orgullo o algún otro tipo de pecado lo que los derrota. Con frecuencia es simplemente cansancio y darse por vencidos. Francamente esto último se me presenta como tentación más a menudo que el deseo de volverme orgulloso.

En un encuentro informal con jovencitos en 1977 durante la cruzada en la República Dominicana. Más de 100.000 personas asistieron a las dos semanas de campaña. (Foto por Asociación Evangelística de Luis Palau)

Congreso Nacional de Evangelismo en Caracas, Venezuela en 1979. Se llevó a cabo en El Poliedro, y 65.500 personas asistieron a los seis días de campaña. (Foto por Asociación Evangelística de Luis Palau)

Tenemos que vivir a la luz de la cruz. Por eso tanto los miembros de nuestro Equipo como yo pasamos tiempo a solas con la Palabra de Dios cada día (2 Timoteo 2:15). La Biblia dice que algunos son siervos de Cristo y *"...administradores de los misterios de Dios"* (1 Corintios 4:1). ¡Qué privilegio!

Pero la Biblia también afirma que se requiere de los administradores que sean hallados fieles (1 Corintios 4:2). Por esa razón a menudo predico sobre la pureza personal y las cuentas que debemos rendir ante Dios.

Seguiré adelante en la predicación del Evangelio. Mi ferviente deseo es hacerlo hasta mi último día aquí en la tierra.

No sabemos cuántos años quedan aún. Yo sueño con vivir hasta los 92 años —como Jorge Müller, aquel santo varón de Dios. A los 17 años leí su biografía y me dije: "Señor, si demoras tu venida me encantaría vivir hasta tener 92 y llevar mucho fruto hasta ese momento".

Hemos ministrado a lo largo y a lo ancho de América Latina, en Europa, en el Caribe, en los Estados Unidos de América, en el Asia, en el Africa, detrás de la cortina de hierro y últimamente en el Pacífico Sur. A medida que las puertas se sigan abriendo, seguiremos pasando por ellas, llenos de entusiasmo y expectación por lo que Dios hará.

¡Tantas cruzadas en tantos países! Alabamos a Dios y le damos toda la gloria por los resultados obtenidos con centenares de miles alcanzados con el evangelio de salvación.

Nuestros corazones rebosan de gratitud a Dios. *"No a nosotros, oh Jehová, no a nosotros sino a tu nombre da gloria, por tu misericordia, por tu verdad"* (Salmo 115:1). A Dios sea la gloria *"porque me ha hecho cosas grandes el Poderoso, santo es su nombre"* (Lucas 1:49).

Cuando mami y papito oraron por primera vez pidiendo que el Señor me hiciera un instrumento para que muchos vinieran a los pies de la cruz, lejos estaban de imaginarse que en su gracia Dios obraría de manera tan maravillosa. Sigue pareciendo increíble que Dios haya hecho tanto con tan poca cosa. Pero como mamá me repetía vez tras vez, no es cuestión de llamado sino de obediencia.

No había habido contactos, dinero, preparación extraordinaria ni un ambiente propicio. El flaco Luis Palau, el de las patas de tero, no hubiera podido hacer nada por sí solo. Fue frustración tras frustración, batalla tras batalla, desilusión tras desilusión, lección tras lección, consejo tras consejo, sueño tras sueño, plan tras plan, oración tras oración... y la mano de Dios guiando cada paso.

Al leer sobre la obra grandiosa que Dios había llevado a cabo en el pasado, mi pregunta había sido: "Si lo pudo hacer una vez, ¿por qué no puede repetir el milagro?" Y el milagro fue repetido una vez y otra vez. Y el mismo milagro quiere repetirlo a través de cada cristiano que, fiel y obediente, decide seguir la voluntad divina.

Muchas veces en el camino recordé la lección de la zarza: "No soy yo sino Dios en mí. Cualquier zarza sirve siempre que Dios esté en la zarza". Dios obró en mi zarza y se manifestó. Y lo mismo quiere hacer en la tuya.

"Moisés, no eres tú el que importa sino Yo en ti", dijo el Señor hace siglos.

Son las mismas palabras que Dios susurra al oído de cada creyente.

APENDICE "A"
20 AÑOS DE MINISTERIO EN UN PANTALLAZO
(por Leticia Calçada)

Cuando el Rev. Juan Passuelo presentó a Luis Palau en la reunión inaugural de la cruzada en el estadio de Vélez Sarsfield en la ciudad de Buenos Aires (era abril de 1986), afirmó: "Este argentino es embajador de Cristo en todo el mundo". Después de haber trabajado con Luis en el ministerio, me dije que esas palabras eran una apreciación correcta. Cuando en la década del '60 Luis Palau comenzó la labor de evangelización, lejos estaba de imaginar que Dios abriría puertas en todo el mundo para predicar el glorioso evangelio de salvación. Una tras otra se han ido presentando oportunidades en los cinco continentes. Esa división geográfica nos parece una buena opción para bosquejar los más grandes y bendecidos momentos en las más de dos décadas de ministerio del equipo de Luis Palau. (En estas páginas sólo se mencionan las actividades evangelísticas más notables. No es una lista exhaustiva. Para más datos en cuanto a lugares y resultados del ministerio evangelístico del Equipo de Luis Palau, véase Apéndice B, *"Estadísticas".*)

Comencemos con un rápido viaje por las Américas, especialmente América Latina —donde se inició todo el trabajo— para luego dirigirnos a los cuatro continentes restantes, Europa, Oceanía, Asia y Africa —en ese orden.

AMERICA LATINA

ARGENTINA: Cuando Luis dejó su país en 1960, uno de sus más grandes anhelos era regresar para celebrar una gran campaña de

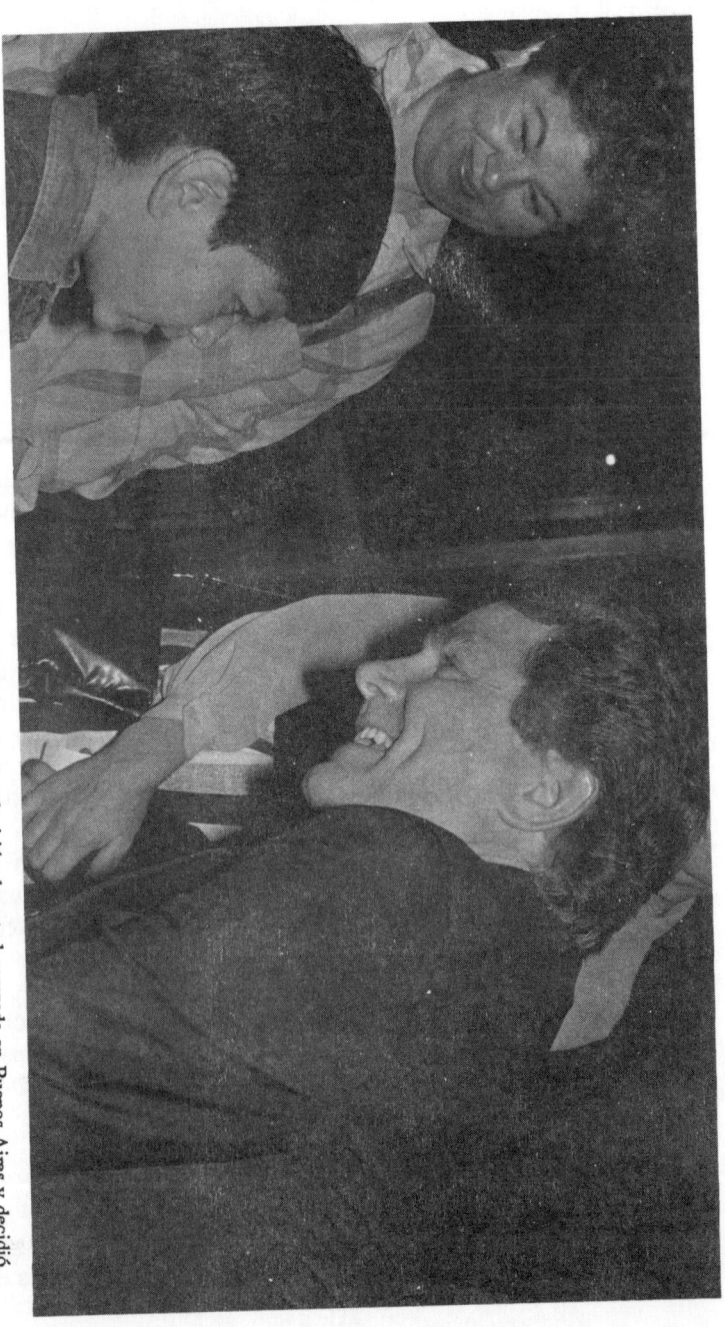

La noche en que conocí al pequeño Javier, que me llamó por teléfono al programa de televisión durante la cruzada en Buenos Aires y decidió dar su corazón a Jesús. Aquí con su madre, que sonríe feliz. (Foto por Omar Ortiz)

El Domingo de Resurrección de 1986, 80,000 personas se reunieron en los Parques de Palermo en Buenos Aires, para el evento que el gobierno argentino declaró "de interés nacional". (Foto por Omar Ortiz)

evangelización, algo que tardó en suceder. "Necesitábamos crecer y madurar antes de regresar a la patria", afirmó Palau.

Rosario, 1976. Decenas de iglesias locales fueron comenzadas aun antes del comienzo de la cruzada a través del programa de crecimiento de iglesias, un plan que consistía en fundar 50 nuevas iglesias en Rosario y sus alrededores. El así llamado "plan Rosario" captó la atención de líderes de todo el continente en virtud de los frutos tangibles y concretos que se cosecharon en dos años de trabajo intenso. A pesar de la situación inestable del país, durante la cruzada 77.000 personas asistieron y más de 5000 manifestaron su deseo de recibir a Cristo. Por otra parte, en Rosario fue evidente el impacto de los dos programas radiales de Palau. Era difícil encontrar a una sola persona que no conociera los programas o no hubiera escuchado a Luis Palau.

Buenos Aires, 1977. El cumplimiento del tiempo para la capital argentina fue 1977, año en que tuvo lugar una cruzada juvenil en el Luna Park de Buenos Aires. Una multitud de 17.000 personas por noche colmó las instalaciones. El domingo final, antes de predicar en el estadio, Palau debió salir a la calle y hablar a alrededor de 7000 personas que no habían podido ingresar al recinto por falta de lugar. Allí unos 350 decidieron entregar sus vidas a Cristo.

Buenos Aires y satélites, 1986. Otra gran campaña tuvo lugar en esta nación, esta vez iniciada con una multitudinaria concentración de 80.000 personas* el domingo de Pascua, seguida por cruzadas satélites en otras cinco ciudades del interior del país, y como culminación diez días en el estadio de Vélez Sarsfield en la Capital Federal. El impacto dio como resultado más de 12.000 nuevos convertidos al Señor Jesucristo.

BOLIVIA, 1974: Esta actividad inicial se caracterizó por incluir el primer desayuno presidencial de oración. Además a través de una autorización especial, el Equipo contó con tiempo gratis para diez programas de TV. Los resultados llegaron a más del doble cuando en 1978 se realizó la segunda cruzada.

La del '78 fue una de las campañas más grandes en la historia del ministerio hasta ese momento —un total de 180.000 asistentes en concentraciones celebradas en La Paz, Santa Cruz y Cochabamba en el mes de octubre, con 19.000 de dichos asistentes que tomaron un compromiso con Cristo. Las dos últimas noches en La Paz fue preciso celebrar dos reuniones seguidas, y el estadio se llenó a capacidad dos veces consecutivas. Palau relata que una noche se sentía extremadamente cansado. Luego de orar a Dios pidiendo su unción sobre la reunión, leyó la Biblia y brevemente y sin ilustraciones habló sobre el evangelio, confiando en que Dios magnificaría su palabra. Para sorpresa de todos, 1090 personas pasaron adelante respondiendo a la invitación. Evidentemente Dios había obrado con poder soberano. Además unas 500 personas visitaron el Centro de Consultas Familiares durante la campaña. Dios estaba haciendo una obra maravillosa en ese país. Durante la cruzada también se llevó a cabo el segundo desayuno presidencial de oración, al que además del primer mandatario asistieron 25 altos militares, ocho miembros de gabinete y varios líderes del gobierno y la iglesia.

* N.R: Estimación de una autoridad gubernamental presente.

A principios de septiembre de 1988 más de 37.000 personas, incluyendo al gobernador provincial, asistieron a las reuniones evangelísticas del Festival de la Familia en Porto Alegre, Brasil. Se registraron 1.729 decisiones públicas por Jesucristo. Un amplio grupo de líderes cristianos de diferentes denominaciones se unieron para hacer posible la cruzada. (Foto Guillermo Cimadevilla)

BRASIL. COMIBAM '87: En el mes de noviembre tuvo lugar COMIBAM (Congreso Misionero Iberoamericano) en San Pablo. La idea de dicho congreso, el primero en su género en América Latina, nació a fines de 1984 en una reunión convocada por CONELA (Confraternidad Evangélica Latinoamericana), cuando el Pbro. Marcelino Ortiz, entonces presidente de la Confraternidad y consejero personal de Luis Palau, en sesión plenaria hizo énfasis en la urgencia de un congreso de misiones a nivel continental.

El tema general de la conferencia fue ''Luz a las naciones'', y el propósito primordial fue motivar a las iglesias de Iberoamérica a una mayor participación en el trabajo misionero.

COMIBAM '87 marcó el comienzo de la tercera etapa misionera. (La primera, descrita en Hechos 8, se había iniciado con la diáspora de los cristianos perseguidos en Jerusalén. La segunda con Guillermo Carey, quien extendió las misiones a los límites actuales). Esta tercera etapa es Iberoamérica llegando al mundo no alcanzado.

En su mensaje durante la penúltima sesión plenaria, Luis Palau habló sobre Cristóbal Colón, a quien llamó ''el primer misionero a las Américas''. En su mensaje ''Desafío misionero para el final del siglo'', Palau se refirió al celo misionero que impulsó al gran navegante genovés a llevar a las Indias la luz del evangelio. Al mismo tiempo el evangelista Palau advirtió a los presentes acerca de los peligros que acechan al misionero y desvirtúan el llamado.

COMIBAM contó con la participación de más de 3000 líderes cristianos de 56 países.

ECUADOR. Quito, 1974: Uno de los datos más notables fue que durante las tres semanas que duró la cruzada, Palau participó en 31 programas de televisión. (Había sido precisamente en Quito que Palau y su Equipo comenzaron el ministerio televisivo). Por otra parte, radio HCJB transmitió cada una de las 22 reuniones a Centro y Sudamérica y el Caribe. En esa oportunidad el mismo presidente de la nación solicitó una entrevista con Luis Palau, quien aprovechó la ocasión para obsequiarle un ejemplar de los Evangelios.

Guayaquil, 1980. Durante doce noches después de las reuniones en el Coliseo Cerrado, el ministerio continuó con Luis Palau contestando preguntas telefónicas en vivo en un canal de televisión local. Estos programas tuvieron gran alcance ya que fueron escuchados en todo el país a través de 35 estaciones repetidoras. Nuevamente radio HCJB tuvo una parte vital al repetir por onda corta las reuniones de la cruzada, ampliando el margen de penetración de la cruzada en sí.

COLOMBIA: Allí había comenzado el trabajo de evangelización a gran escala por parte de Palau. En 1966 Luis había desafiado a jóvenes cristianos de Bogotá para que algún día organizaran una actividad que incluyera a los líderes gubernamentales. El desafío se cristalizó en 1977 en el "Banquete de la Esperanza" en la ciudad capital cuando el presidente de la nación y muchos otros líderes políticos y de gobierno se hicieron presentes juntamente con otras 1500 personas en posiciones de liderazgo. El evangelio fue presentado y los colombianos experimentaron la poderosa mano de Dios obrando entre ellos.

GUATEMALA: Es la nación con más alto porcentaje de cristianos bíblicos, y donde la población cristiana crece con más rapidez. Varias actividades de evangelización tuvieron lugar en tierra guatemalteca desde el principio de la década del '70. Incluso en 1972 durante cinco noches consecutivas las tres cadenas nacionales se unieron para propagar el mensaje televisivo que transmitió el Equipo. A fines de los años '70 Guatemala sufría una espantosa ola de sangre y violencia. ¿Habría una solución pacífica? Esta pregunta fue considerada por 400 pastores con quienes se reunieron Palau y sus colegas. Los líderes nacionales habían informado que la gente guatemalteca estaba muy abierta al evangelio, y que sería un error trágico dejar de lado al país en el aspecto misionero. Finalmente se decidió elaborar un plan estratégico para saturar a Guatemala con el mensaje de Cristo.

En 1981 y 1982 a través de los medios de comunicación y el testimonio personal de los cristianos, se inundó el país con el evangelio de salvación. El plan incluyó la utilización de radio, TV, películas, diarios y todo tipo de literatura para que a través de toda la nación naciera un interés por las cosas de Dios. Fue una estrategia agresiva y enérgica que contó con la aprobación de Dios y llegó a su clímax el 28 de noviembre de 1982. Ese día 700.000 personas se reunieron en el Campo de Marte en el último encuentro de Gratitud '82, una celebración de un año de duración conmemorando la llegada de los primeros misioneros a Guatemala. Esa fue la concentración más numerosa en la historia de la Asociación de Palau hasta el momento.

218

El 28 de noviembre de 1982 tuve el privilegio de predicar a la multitud más numerosa que se haya reunido en América Latina para escuchar a un predicador del evangelio. Luego de estudiar fotografías aéreas de la concentración en la ciudad de Guatemala, oficiales de gobierno estimaron el número de asistentes en 700.000 personas. (Foto por David Jones)

MEXICO, México, D.F., 1970: La actividad evangelística de más relevancia en tierra mexicana tuvo lugar en la Arena México. A pesar de las predicciones de algunos de que sería imposible unir a las iglesias del país para una campaña unida, las iglesias se unieron. Aunque por razones constitucionales el gobierno no permite el uso de edificios públicos ni estadios para reuniones religiosas, Dios hizo posible que se extendiera un permiso especial para utilizar las instalaciones de la Arena México. Más de 100.000 personas asistieron a los diez días de campaña, y de los 7000 convertidos, más del 20% habían asistido a las reuniones a través de las invitaciones transmitidas en el programa radial Cruzada (producido por Palau).

Veracruz, 1979. Algunos meses después que Palau celebrase una cruzada allí, uno de los miembros del equipo visitó la ciudad y halló que el 81% de los nuevos convertidos estaban asistiendo a iglesias locales. Tal como en el caso de Veracruz, Palau y su Equipo siempre han hecho gran énfasis en la consolidación de los nuevos cristianos y el discipulado.

Nuestra cruzada en la Arena México en 1970 mostró a las claras que Dios estaba obrando con poder en Latinoamérica. Durante los diez días de campaña, 106,000 personas se acercaron para escuchar el mensaje del evangelio.

Durante el Festival de la Familia en Tuxtla Gutierrez, México, en marzo 15-19 de 1988, fui inundado de pedidos de personas que deseaban consejos personales y oración por sus familias. Las cruzadas celebradas en dos ciudades mexicanas contaron con una asistencia total de aproximadamente 94.000 personas de las cuales 6.142 manifestaron públicamente su decisión por Jesucristo. (Foto Asociación Evangelística de Luis Palau)

México D.F., 1985. Luego del terremoto en septiembre de 1985, Palau fue invitado a varios días de reuniones en el mes de noviembre en el Distrito Federal, donde la gente se mostró muy abierta al mensaje de Dios luego de la catástrofe vivida.

NICARAGUA: Managua y CONTINENTE '75. Días antes de la navidad de 1972 el 75% de la ciudad capital fue destruida por un terremoto en el que murieron más de 10.000 personas. No transcurrió mucho tiempo antes de que naciera el plan Managua—una campaña de evangelización. En sólo tres minutos la semilla de una idea se había convertido en plan de batalla. "Si toda una ciudad podía ser alcanzada con el evangelio, ¿por qué no un continente? ¿Y si se usara una transmisión radial? ¿Por qué no conectar todas las estaciones radiales cristianas? ¿Por qué no comprar cierta cantidad de tiempo para usar también otras estaciones?" Y así se siguió explorando el concepto. El gran sueño empezaba a tomar forma: "¿Por qué sólo la radio? ¿Por qué no también la televisión? ¿Y qué de los diarios? Tratemos de saturarlo todo..."

El sueño se concretó en catorce meses, cuando CONTINENTE 75 se adosó a una cruzada de tres semanas en Managua a través de la tecnología moderna. Fue el medio que Dios utilizó para llegar de una sola vez con el evangelio a los hispanohablantes en 20 países a través de más de 50 radioemisoras. Se estima que 80 millones de personas siguieron la transmisión de radio y televisión. Los expertos latinoamericanos definieron CONTINENTE 75 como "la cadena de comunicación cristiana de más largo alcance en la historia de la iglesia". La señal salió del estadio de Managua a un satélite de comunicaciones sobre España y directo a la poderosa emisora HCJB en Quito, Ecuador hacia todo el continente. Las tres últimas noches se transmitieron programas de TV de media hora en 100 televisoras de áreas urbanas en Norte, Centro, Sudamérica y el Caribe. Debido a la ley marcial en Nicaragua no se permitió TV en vivo. No obstante, el canal 2 pidió derechos exclusivos para grabar al evangelista en sesiones especiales de "Luis Palau Responde".

Un año después, durante la cruzada en Rosario, Argentina varios ujieres, consejeros e integrantes del coro se acercaron a la gente de Palau para comunicarles que se habían convertido a Cristo al escuchar la transmisión radial desde Managua.

Mi corazón se goza cuando los jóvenes muestran su sed por la palabra de Dios. Aquí con un grupo de universitarios en Asunción, Paraguay, 1980. (Foto por Ake Lundberg)

PARAGUAY: Asunción, 1976. "La historia de la iglesia cristiana del Paraguay se ha de dividir en antes y después de Paraguay 76", declaró el presidente del Comité Ejecutivo de Paraguay, un profesor de historia. La razón de su declaración fue que la población cristiana evangélica del Paraguay aumentó más del doble en los doce días de la cruzada con Palau. Antes de la campaña había sólo 3000 miembros de las iglesias locales, y durante las reuniones de evangelización 5000 personas tomaron su decisión por Cristo. Durante su estadía en el país, Palau fue invitado a una entrevista con el Presidente de la Nación en la Casa de Gobierno, oportunidad en que obsequió un diccionario bíblico al primer mandatario.

En 1982 Paraguay estaba lista para otra gran cosecha de almas. La idea inicial había sido Asunción, la capital, pero el plan creció e incluyó ocho ciudades paraguayas a fin de saturar todo el país. En los centros de consulta, había días en que se atendían más de 100 casos. El gobernador de una de las zonas militares recibió a Jesucristo, y lo mismo ocurrió con el intendente de una gran ciudad. El Presidente de la República dio su conformidad para la distribución de 100.000 Biblias y cursos bíblicos en las escuelas del país. Varias iglesias declararon que se habían duplicado en cantidad de gente. Durante las tres semanas de actividad, la audiencia acumulada fue de 155.000 personas, y según los registros más de 10.000 tomaron su decisión por Jesucristo. Otra gran victoria para Dios.

PERU: Lima y Arequipa, 1984. La primera gran cruzada había tenido lugar en 1971, y los 4000 nuevos creyentes fruto de esa actividad fueron todo el estímulo que los líderes peruanos necesitaron para organizar otra campaña en Lima, la ciudad de los reyes.

En noviembre de 1984 las cruzadas en Lima y Arequipa tuvieron resultados record a pesar del caos económico y el terrorismo. La asistencia combinada fue de 275.000, de los cuales 21.000 hicieron confesión pública de su fe en Cristo. (En la noche final en el estadio Alianza Lima, más de 3000 personas entregaron sus vidas a Jesucristo. Dos semanas antes otro record había tenido lugar en la ciudad de Arequipa, cuando el 25% de los asistentes al coliseo cerrado recibieron a Cristo en su corazón. En 1984 eso significó la respuesta más alta en una noche de ministerio).

Las 6000 decisiones registradas en los siete días de la campaña

224

En Lima, Perú en noviembre de 1984 durante la concentración infantil. (Foto por Jaime Mirón)

en Arequipa, conforman una cifra altísima si se tiene en cuenta el dato aportado por pastores locales de que en esa ciudad de 700.000 habitantes antes de la cruzada sólo había 1000 cristianos renacidos.

Durante su visita a Perú, Palau se reunió con el presidente de la nación por espacio de una hora y oró por la paz en el país. El evangelista también oró por el Perú en la televisión nacional.

URUGUAY. 1978: Fueron 19 días de reuniones en seis ciudades, con una asistencia de más de 100.000 personas y 8000 decisiones por Cristo. Un periodista de Montevideo se sorprendió de que los cristianos bíblicos del Uruguay, un grupo pequeño y poco conocido, hicieran las cosas abiertamente y a tan gran escala. Los principios del crecimiento de la iglesia (Plan Rosario) fueron aplicados a nivel nacional, y dieron como resultado la formación de 120 nuevas congregaciones —algunas incluso antes del comienzo de la cruzada en sí.

Luis Palau también ha tenido cruzadas y ha ministrado en Brasil, Canadá, Costa Rica, Chile, El Salvador, Estados Unidos de América, Honduras, Panamá, Puerto Rico, República Dominicana y Venezuela. Las puertas continúan abriéndose.

C O N T I N E N T E '85: Cristianos de 35.000 iglesias en 22 países hispanohablantes se unieron durante la Semana Santa de 1985 para un gran proyecto de evangelización bajo la dirección del Equipo de Luis Palau.

El proyecto, CONTINENTE '85, que tomó ventaja de la sensibilidad espiritual de los hispanos durante la celebración de la Pascua, consistió en la transmisión del mensaje del evangelio por más de 330 estaciones radiales y 480 televisoras. Radio Transmundial desde las Antillas Holandesas y HCJB en Quito, Ecuador cubrieron las 22 naciones con los mensajes de CONTINENTE '85. Esta vez la meta era alcanzar a los 300 millones de hispanoparlantes. El coordinador general del evento declaró: "Se están escribiendo las mejores páginas de la historia del evangelio. Esperamos continuar con planes aun más grandes en el futuro".

EUROPA

Terminaba la década del '70, y las muchas victorias y el fruto que permanecía de esas campañas dieron lugar a la aceptación y prominencia del ministerio de Luis Palau a nivel internacional. Evidencia de ello fue el creciente número de invitaciones que desde todo el mundo comenzaron a llegar a la oficina. Sueño tras sueño, plan tras plan, Palau y sus colegas estaban experimentando constantemente y en diversos lugares del globo la emoción más grandiosa que puede tener el ser humano—llevar almas a Jesucristo.

ALEMANIA OCCIDENTAL: Dortmund, 1977. Palau participó en un programa televisivo de evangelización. Era la primera vez que en la historia de Alemania se llevaba a cabo tal tipo de transmisión en vivo. Ese mismo año, en una campaña en Essen, donde había sólo 20 iglesias de fuerte orientación bíblica, la asistencia en los siete días fue de más de 20.000 personas.

ESCOCIA: En 1979 Palau y su equipo viajaron a Aberdeen, donde el clima espiritual era uno de los más fríos en Gran Bretaña. Sin embargo, las cuatro semanas del *tour* fueron descritas por uno de los diarios locales como "un milagro". Las diez reuniones en el estadio de fútbol de Pittodrie fueron transmitidas a Europa, el norte de Africa y el Medio Oriente por Radio Transmundial en Montecarlo. Palau regresó a Escocia en 1980 y luego en 1981, donde el esfuerzo se concentró en Glasgow con más de 600 iglesias apoyando una cruzada unida de cinco semanas. Para asegurarse de que los resultados perduraran, los nuevos creyentes fueron asignados sólo a 411 iglesias que firmaron un contrato comprometiéndose al cuidado de los nuevos creyentes.

En un momento en que el evangelismo masivo en Gran Bretaña era considerado irrelevante a los objetivos de la iglesia, el Equipo de Palau trabajó con cristianos locales ministrando a multitudes. Fue la prueba de que el evangelismo masivo a gran escala nuevamente tenía cabida en el mapa británico.

ESPAÑA: Sevilla, Barcelona y Madrid en 1974. Concentraciones y reuniones de evangelización en dichas ciudades fueron una experiencia emotiva para Luis Palau ya que su padre había nacido en Barcelona. La cruzada en Sevilla fue la primera campaña uni-

Predicando a los líderes cristianos en Glasgow, Escocia en 1978. (Foto por Ake Lundberg)

da en dicha ciudad en los 2000 años de historia del cristianismo. Participaron las seis iglesias del lugar y los 400 creyentes en Cristo. En muchos líderes nació una nueva visión por el evangelismo.

FINLANDIA: Helsinski, 1982. La cruzada histórica tuvo lugar en el mes de mayo. Según el decir autorizado de uno de los líderes, fue la primera vez desde la Reforma de Lutero que la iglesia del Estado y la iglesia libre se unieron para una campaña. Finlan-

Los organizadores y periodistas locales describieron nuestra cruzada en Helsinski, Finlandia (1982) como "histórica". Fue la primera vez en 400 años que la Iglesia del Estado (luterana) y las iglesia independientes se unieron para un esfuerzo evangelístico unido. (Foto por Ake Lundberg)

dia, considerada como la "última frontera europea", es tal vez la nación más protestante del mundo. A primera vista pareciera ser muy sensible a las cosas espirituales ya que el 92% de la población pertenece a la iglesia del Estado (luterana), pero sólo el 2% de su membresía concurre a la iglesia regularmente. En los siete días de cruzada, más de 63.000 personas se acercaron para escuchar la predicación del evangelio.

HOLANDA: Amsterdam '83. Alrededor de 4000 evangelistas itinerantes de 133 países fueron a Amsterdam en el mes de julio para participar de una de las más históricas conferencias de la iglesia cristiana. "Haz obra de evangelista" fue el lema de la Conferencia Internacional para Evangelistas Itinerantes (CIEI), que fuera organizada por la Asociación Evangelística Billy Graham. Amsterdam '83 culminó con la celebración de la Cena del Señor, donde participantes de todas las razas de por lo menos diez idiomas

En ocasiones he tenido que predicar con un intérprete, pero el mensaje de Dios hace su obra. En esta oportunidad la reunión se transmitió por una pantalla de televisión gigante en circuito cerrado. (Foto por David Jones)

distintos, afirmaron su compromiso de predicar a Jesucristo en todo el mundo.

Durante diez días los participantes se reunieron para escuchar palabras de exhortación, aliento y motivación. Entre los asistentes había desde casi analfabetos hasta cristianos con altos títulos de prestigiosos seminarios de teología. Billy Graham, amigo personal de Luis Palau, había afirmado que deseaba que evangelistas de todo el mundo recibiesen herramientas para aumentar su eficiencia y para que tuvieran una renovada visión de su tarea.

Reunión inaugural en la Plaza Trafalgar en el centro de Londres, Inglaterra en septiembre de 1983. Se reunieron 8.000 personas. Luego de siete semanas de cruzada, hubo aproximadamente 8.000 conversiones. (Foto por Ricardo Jaye)

Palau compartió la plataforma con Billy, quien le había solicitado que en su mensaje diera consejos prácticos sobre la santidad del evangelista. Como es costumbre en Palau, advirtió a sus consiervos en el evangelismo acerca de los peligros de lo que él llama "las cáscaras de banana espiritual" del sexo, el dinero, el orgullo y otras tentaciones que pueden hacer resbalar y caer.

Refiriéndose a su participación en Amsterdam '83, Palau declaró: "Digo que fue un privilegio inmenso pues me dio la grandiosa oportunidad de encontrarme con jóvenes y líderes que años antes había visto iniciarse en el ministerio, y en esta oportunidad los vi ya maduros, llenos de experiencias, gozándose en el trabajo del ministerio. Poder hablarles desde la plataforma fue inolvidable. En mi corazón sentí que debíamos orar todos juntos a Dios para que nos hiciera poderosos instrumentos suyos en todo el mundo en nuestra generación".

Amsterdam '86. A fin de 1984 Billy Graham anunció planes para una segunda conferencia en Amsterdam para mediados de 1986. En esa ocasión más de 8000 evangelistas provenientes de 150 países llegaron a Holanda. Amsterdam '86 superó en cifras a su homónimo del '83, y se convirtió así en la más grande concentración de ese tipo en la historia de la iglesia cristiana.

Luego de un mensaje dirigido a todos los evangelistas, Palau declaró: "Esas reuniones nos hicieron soñar sueños aun más grandes de los que habíamos soñado; nos hicieron planear planes grandiosos; vimos como nunca la imperiosa necesidad de orar grandes oraciones y de obedecer los grandes mandamientos de Dios para de esa manera experimentar la más grande emoción que pueda conocer un ser humano, la emoción de ganar un alma para Cristo".

INGLATERRA: Londres, 1983 y 1984. El 14 de julio de 1984 culminó una campaña evangelística de un año de duración en la ciudad de Londres. La asistencia total alcanzó las 500.000 personas, con un total de 28.000 decisiones. Para simplificar la tarea gigantesca, más de 15.000 cristianos fueron movilizados y entrenados para tomar parte en la Misión a Londres. Una de las resultantes de la misión fue que la BBC de Londres decidió producir un documental de 40 minutos sobre Luis Palau y la cruzada en la ciudad legendaria. En un lugar donde la teología liberal y antibíblica están a la orden del día, el periodismo hizo énfasis especial en el evangelio sencillo y bibliocéntrico predicado por Luis

Palau y por Billy Graham (quien semanas antes había tenido campañas en otras seis ciudades inglesas).

POLONIA. 1987: Palau viajó a Polonia en el mes de julio por invitación de líderes cristianos. Hubo permiso del gobierno para la campaña. El evangelista halló que los polacos estaban abiertos al evangelio. Más de 26.000 concurrieron a los ocho encuentros de evangelización, con un adicional de 4000 niños que asistieron a una campaña infantil simultánea. Durante la cruzada, 564 adultos y 40 niños manifestaron públicamente aceptar a Jesús como Salvador. Cada uno recibió un Evangelio de Lucas en polaco y asimismo varios estudios bíblicos para nuevos cristianos.

Irónicamente, el 89,8% de los polacos se dicen cristianos, pero sólo el 0,5% podrían ser considerados cristianos renacidos. Esto sugeriría que 35 millones tienen cierta tradición religiosa pero no tienen en claro el concepto de una relación personal con Dios. Los planes de evangelización incluían la cruzada, distribución de videotapes de los ocho mensajes evangelísticos y más campañas. A fines de la década del '80 Polonia es considerada como el país más abierto del bloque socialista europeo. Fue evidente el tacto de Luis Palau al enfatizar los temas espirituales sin interferir con la política.

Luis Palau y su equipo también han ministrado con campañas y concentraciones en Bélgica, Dinamarca, Francia, Gales, Grecia, Irlanda, Islas Faeroes, Italia, Noruega, Portugal, Suecia y Suiza.

C O M M O N W E A L T H '84: La última semana de junio de 1984 las reuniones llevadas a cabo en el estadio de fútbol Queens Park Rangers en Londres, Inglaterra fueron transmitidas en vivo a más de 50 países de habla inglesa a través del satélite en un esfuerzo especial denominado COMMONWEALTH '84. Los programas llegaron a la Europa continental, Africa, India, Pakistán, Australia, Nueva Zelanda, las Filipinas, el Caribe, Canadá y los Estados Unidos de América. En combinación con programas de televisión especiales sobre la Misión a Londres y con una campaña de literatura, COMMONWEALTH'84 tuvo una audiencia potencial de 175 millones de personas.

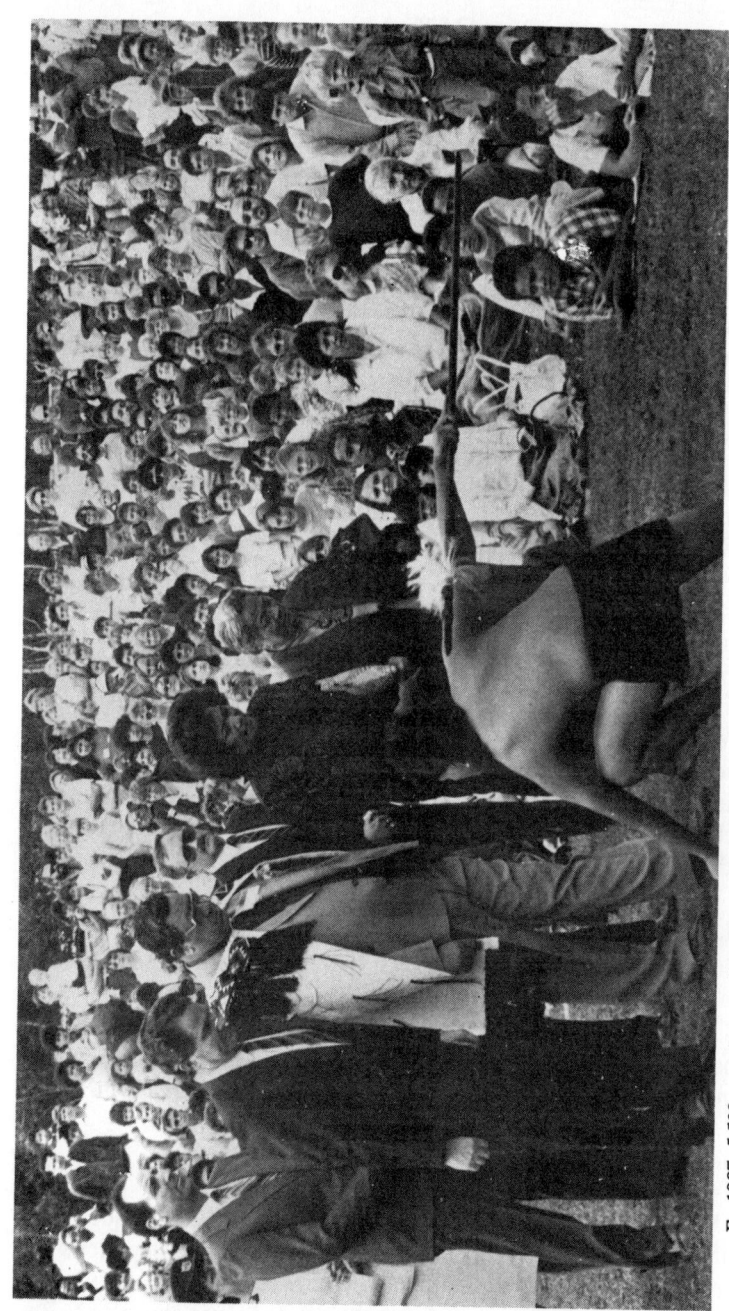

En 1987, 5.500 maoríes nos dieron la bienvenida en Nueva Zelanda en una ceremonia especial. Aquí junto a uno de los "guerreros" aborígenes. (Foto Pedro Avery)

OCEANIA

ISLAS FIJI. 1987: La actividad en el Pacífico Sur comenzó con una campaña de cuatro días en Suva, capital de Fiji, donde Palau predicó a más de 50.000 personas, y se registraron 2500 decisiones por Cristo. Los líderes de Fiji manifestaron que la cruzada con Palau había sido un acontecimiento histórico para el país. Por primera vez en la historia de Fiji, las diez denominaciones más importantes de la nación se unieron para predicar el evangelio. El país, que cuenta con sólo 700.000 habitantes, dio una calurosa bienvenida a Palau. Incluso varios altos funcionarios de gobierno recibieron al evangelista y escucharon la predicación del evangelio.

NUEVA ZELANDIA. 1987 Auckland y otras cuatro ciudades neozelandesas fueron los puntos geográficos de la celebración de esta cruzada, donde la asistencia registrada de 22 días llegó a más de 268.000 personas y las decisiones por Cristo a casi 9000. Las iglesias del lugar declararon que la misión con Palau había traído gran unidad y credibilidad al mensaje del evangelio. De acuerdo al equipo de Palau, la unidad entre los cristianos de esa cruzada fue la más grande de que hayan sido testigos en cualquier otro lugar. Por otra parte, la misión a Auckland fue considerada por los locales como uno de los eventos más visibles en la historia de la ciudad.

La misión contó con el apoyo de varios grupos de indígenas, incluyendo al grupo maorí, el de las Islas Samoa y otras comunidades polinesias. Más de 5000 maoríes dieron la bienvenida a Palau en una ceremonia habitualmente reservada para jefes de estado y la realeza.

Luis Palau también celebró cruzadas de evangelización en Australia en 1979 y en 1982, y varios puntos en el Pacífico Sur han manifestado su interés de llevar a cabo evangelismo masivo.

ASIA

HONG KONG. 1987: Se esperaba un gran resultado ya que Hong Kong está sufriendo internamente. Tanto pobres como ricos están preocupados por lo que pueda ocurrir en 1997, cuando la isla pasará a ser zona administrativa especial de lo que ahora es la Re-

Casi 28,000 personas hicieron confesión pública de su entrega a Jesucristo durante "La esperanza del hombre", campaña llevada a cabo en Hong Kong en noviembre de 1987.

236

Dos niños de Hong Kong esperan el comienzo de nuestra actividad infantil en ese lugar. (Foto Timoteo Obendorf)

pública Popular de la China. Los pastores coincidieron en que el tema de 1997 y la crisis del mercado de valores crearon un ambiente muy propicio y receptivo para el evangelismo. Casi un cuarto de millón de personas oyeron a Luis Palau durante su visita de dos semanas. Se sabe que 31.000 decidieron asumir un compromiso con Cristo. Palau anunció que el número de decisiones fue el más alto que se haya registrado en una campaña durante su ministerio a través de los años. El evangelista supo que la cruzada sería histórica cuando en tres concentraciones de niños llevadas a cabo en un día, se registraron 13.210 decisiones. Aproximadamente un tercio de esas decisiones fueron de adultos que habían acompañado a los niños.

Al finalizar la cruzada Luis Palau declaró con firmeza: "Si lo que estamos viendo aquí en Hong Kong es de alguna manera indicativo de lo que Dios puede hacer en nuestro medio, creo que es enteramente posible que todo el mundo pueda escuchar el evangelio para el año 2000".

SINGAPUR. 1986: Esta fue la primera cruzada celebrada en el Asia, descrita por Palau como una de las más exitosas en los años de su ministerio. De las 337.000 personas que asistieron, casi 12.000 manifestaron su deseo de tomar una decisión por Cristo. Palau afirmó: "Los asiáticos —especialmente los chinos— están listos para el mensaje de Jesucristo tal como se revela en la Biblia. Entre los chinos hay un tremendo interés por conocer al Jesús de la Biblia, no al cristianismo occidental".

Cada una de las noches un equipo de 47 traductores interpretó en forma simultánea los sermones de Luis Palau al mandarín y otros catorce dialectos chinos. Según uno de los líderes locales, la cruzada —que contó con la participación de 350 iglesias locales y 13.000 voluntarios— fue la movilización de cristianos más numerosa en la historia de Singapur.

En un futuro cercano habrá asimismo ministerio extensivo en India, Indonesia, Japón y Tailandia.

A S I A 86: La cruzada de Singapur continuará impactando vidas a través de ASIA 86, una estrategia por medio de la cual cinco de los mensajes de Palau desde Singapur fueron traducidos especialmente a ocho idiomas asiáticos de manera de ser transmitidos en toda el Asia por radio y televisión.

La primera cruzada asiática tuvo lugar en junio de 1986 en Singapur. 60.000 personas colmaron el estadio nacional. (Foto por J. Andrés)

El Equipo de Luis Palau, unido en histórico esfuerzo con la Compañía de Transmisión del Lejano Oriente (FEBC), Radio HCJB, Radio Transmundial y muchos otros ministerios radiales cristianos, produjo los programas de ASIA 86. Unos 300 distribuidores en 60 países hicieron circular los productos evangelísticos de ASIA 86 —disponibles en mandarín, cantonés, hokkien, tamil, coreano, japonés, tagalo e indonesio. Los planes de ASIA 86 incluyeron la distribución de literatura de evangelización en varios idiomas asiáticos. Singapur fue el lugar ideal para el proyecto ya que la ciudad-estado está ubicada en un lugar estratégico del mundo asiático y sirve como núcleo de comercio y comunicaciones.

AFRICA

El ministerio en tierra africana está en sus primeros pasos. El inicio fue una concentración en Nairobi, Kenia, y las puertas han quedado abiertas para actividades de evangelización en Zambia y Zimbabue.

* * *

El ministerio sigue, y siguen también resonando las palabras de Jesucristo: *"... y me seréis testigos... hasta lo último de la tierra"* (Hechos 1:8).

APENDICE "B"
ESTADISTICAS
"DECISIONES POR CRISTO"

AÑO	EVENTO	DURACION	ASISTENCIA	DECISIONES
1964	C.Rica, Guatemala y Colombia		20.000	575
1965	Colombia (3 ciudades)	32 días	8.450	464
	Cerro Pasco, Perú	9 días	4.750	255
	Quito, Ecuador			130
1966	Colombia (4 ciudades)	70 días	29.600	1.796
	Quito, Ecuador	9 días	1.200	89
	Bogotá, Colombia	4 días	42.000	865
	Mexico	13 días	12.650	240
1967	Huancayo, Perú	8 días	18.400	346
	Arequipa, Perú	7 días	11.900	658
1968	Ig. Presb. Buen Pastor, Mex.D.F.	12 días	2.350	192
	Colombia (3 ciudades)	19 días	41.300	1.596
	San Cristóbal, Venezuela	15 días	11.200	672
1969	México (7 ciudades)	104 días	109.500	7.360
	Guatemala y El Salvador	4 días	8.700	120
	Quito, Ecuador	8 días	10.200	461
	Medios masivos 1964-1969 (est.)		1.000	
1970	México (4 ciudades)	35 días	35.800	2.716
	El Salvador	10 días	16.600	1.550
	Arena México, México DF	10 días	106.000	6.670
	Guatemala	10 días	13.900	771
	Panamá, Panamá	4 días	3.250	150
	Honduras (2 ciudades)	9 días	7.300	248
	Costa Rica	1 día	1.000	91
	EUA (varias ciudades)		7.600	118
1971	México (4 ciudades y DF)	12 días	9.600	724
	Guatemala	22 días	128.800	3.158
	Tegucigalpa, Honduras	17 días	57.000	2.434
	Lima, Perú	17 días	108.400	5.010
	Costa Rica	3 días	2.500	84
	EUA (varias ciudades)		5.900	236

AÑO	EVENTO	DURACION	ASISTENCIA	DECISIONES
1972	San José, Costa Rica	21 días	62.500	3.205
	EUA (Idaho y California)	3 días	2.300	31
	Guatemala (3 ciudades)	22 días	115.000	3.197
	Puebla, México	3 días	3.200	233
	Spokane, Washington, EUA	8 días	5.000	82
1973	Reynosa, México/McAllen, Texas EUA	11 días	30.000	1.144
	Santo Domingo, Rep. Dominicana	12 días	71.600	2.373
	Ciudad Obregón, México	6 días	15.800	488
	EUA (varias ciudades)		15.200	130
	España		5.000	350
	Cochabamba, Bolivia	1 día	1.500	50
	Quito, Ecuador	1 día	300	10
1974	Netzahualcoyolt, México	8 días	43.000	1.432
	Quito, Ecuador	21 días	79.900	3.120
	España (5 ciudades)	9 días	8.100	224
	Grant Pass, Oregón, EUA	10 días	31.400	624
	Bolivia (3 ciudades)	20 días	82.400	9.210
	EUA (varias ciudades)		4.500	65
	San Juan, Puerto Rico	1 día	500	65
1975	Centroamérica (varias ciudades)	6 días	14.100	446
	México (D.F. y 2 ciudades)	16 días	17.100	1.013
	Managua, Nicaragua	22 días	187.000	5.711
	Cono Sur: Bs.As., Rosario, Asunción, Santiago	12 días	38.300	1.295
	Europa (varias ciudades)		10.000	272
	Eurofest - Bélgica	1 día	8.000	150
	EUA (varias ciudades)		7.000	50
1976	Yucatán, México	14 días	111.100	5.337
	Chiclayo, Perú	4 días	14.000	810
	Bogotá, Colombia	2 días	31.500	1.150
	Gira por Europa (5 países)	4 sems.	20.000	189
	Montreat, C del Norte, EUA	6 días	10.000	
	Asunción, Paraguay	16 días	100.300	4.936
	Rosario, Argentina	21 días	77.100	5.183
1977	Boise, Idaho, EUA	2 días	5.000	
	Alemania Occidental (2 ciudades)	10 días	66.150	539
	Buenos Aires, Argentina	5 días	81.500	3.074
	Cardiff, Gales	21 días	60.000	1.585
	Santo Domingo, Rep. Dominicana	14 días	105.400	3.962
	Montevideo, Uruguay	1 día	12.000	500
	Guatemala (2 ciudades)	9 días	64.000	1.300
1978	Uruguay (6 ciudades)	19 días	101.100	8.104
	Bolivia (3 ciudades)	15 días	180.000	18.916
	Acapulco, México	5 días	26.000	2.266

AÑO	EVENTO	DURACION	ASISTENCIA	DECISIONES
1979	Veracruz, México	7 días	38.000	3.098
	Newcastle, Australia	4 días	22.500	450
	Escocia (región noroeste)	19 días	38.000	826
	Aberdeen, Escocia	10 días	27.900	538
	Caracas, Venezuela	6 días	65.500	1.343
	Medios masivos 1970-1974 (est.)			5.000
	Medios masivos Continente '75 (est.)			8.000
	Medios masivos, 1975-1979			6.531
1980	Inglaterra (10 ciudades)	10 días	30.000	2.700
	Escocia (6 ciudades)	4 sems.	62.500	2.000
	Los Angeles, California, EUA	9 días	51.000	1.945
	Guayaquil, Ecuador	14 días	76.000	2.850
	Argentina (4 ciudades)		26.100	733
	Asunción, Paraguay		4,000	140
1981	Glasgow, Escocia	36 días	198.000	5.326
	San Diego, California, EUA	12 días	40.000	1.204
1982	Madison, WI y Bellingham, WA. EUA	16 días	37.550	743
	Newcastle, Australia	17 días	52.000	1.400
	Helsinki, Finlandia	7 días	63.000	1.400
	Paraguay (7 ciudades)	20 días	153.800	10.559
	Leeds, Inglaterra	10 días	35.000	938
	Guatemala, Guatemala	8 días	827.000	3.800
1983	Aneby, Suecia	4 días	40.000	
	San Antonio, TX y Modesto, CA. EUA	9 días	101.000	2.014
	Hermosillo, México	8 días	36.000	3.458
	Londres, Inglaterra (10 barrios)	50 días	210.000	8.000
	Utretch, Holanda (est.)	1 día	20.000	1.000
1984	San Juan, Puerto Rico	1 día	35.000	1.000
	Holanda (4 ciudades)	4 días	4.000	
	Londres, Inglaterra	41 días	318.000	20.000
	EUA (Col.Springs-Albuquerque-Los Angeles)	13 días	35.000	1.538
	Vancouver, Canada	1 día	25.000	
	Perú (Arequipa, Lima)	16 días	275.000	21.817
1985	Londres, Inglaterra	2 días	10.000	
	Zurich, Suiza	22 días	112.500	1.233
	Paris, Francia	2 días	10.000	500
	Holanda (4 ciudades)	4 días	10.000	199
	Randers, Dinamarca	2 días	15.000	900
	Grimstad, Noruega	2 días	1.000	
	EUA (Portland, Salem, Monte Unión)	9 días	55.800	1.016
	México D.F, México	4 días	8.100	800
1986	Argentina (6 ciudades)	25 días	333.000	12.322
	Gira por Europa (4 países)	10 días	34.900	700
	Singapur	7 días	337.500	11.902
	EUA (Monte Union, Fresno, Portland)	12 días	93.100	3.428
	Suecia (4 ciudades)	6 días	10.500	

AÑO	EVENTO	DURACION	ASISTENCIA	DECISIONES
1987	Suva, Islas Fiji	4 días	50.100	2.501
	Nueva Zelanda (5 ciudades)	22 días	268.500	8.930
	Nairobi, Kenia	1 día	6.000	350
	EUA (Skagit Valley, Manhattan-Kansas)	14 días	33.600	1.643
	Dziegielow, Polonia	8 días	27.600	564
	Hong Kong	8 días	219.100	31.268
1988	Toronto, Canada	3 días	5.500	253
	México (Cd. Victoria. Tuxtla Gut., DF)	10 días	99.800	6.142
	Torshavn Islas Faroes	3 días	13.700	326
	Copenague, Dinamarca	6 días	41.300	792
	Porto Alegre, Brasil	8 días	37.650	1.729
	Jakarta, Indonesia		4.000	
	Turín, Italia	2 días	5.500	100
	Scottsdale, Arizona, EUA	3 días	5.500	127
	Osaka, Japón		3.150	134
	Bangkok, Tailandia		1.650	
	Calcuta, Madrás y Cuttack, India		44.800	4.116
	Medios masivos 1980-1988			13.850
	TOTALES		7.605.400	359.776

APENDICE 'C'
TESTIMONIOS
(Compilados por Leticia Calçada)

Lo que sigue es una selección de testimonios que muestran la maravilla del obrar de Dios en la multiplicación de resultados. No son simplemente casos de personas que entregaron su vida a Jesucristo. Son experiencias de nuevos convertidos en cuyos corazones nació amor por el evangelismo, lo cual los llevó a la evangelización en distintas áreas: desde familias enteras y amigos convertidos a la fe de Jesús, hasta el nacimiento de grandes iglesias.

El propósito de estos testimonios es enfatizar una vez más los gloriosos resultados de la obra del Espíritu Santo en la vida de quienes han dado su corazón a Jesús.

Estos testimonios muestran de manera clara cómo los resultados del evangelismo (en este caso evangelismo masivo) no terminan cuando tal o cual persona se hace cristiana. En realidad allí empieza una multiplicación geométrica cuyos alcances son difíciles de imaginar.

No en todos los casos los convertidos se hicieron pastores o misioneros, pero en cada uno de los ejemplos se advierte el fruto que se sigue y seguirá recogiendo para gloria de Dios. Estos testimonios son extractos de cartas a Luis Palau o de conversaciones que tuvieron lugar con él. En la mayoría de los casos se suministran los nombres de las personas y su procedencia.

Sr. Palau:

"En la cruzada aquí en Obera (1986) trabajé como consejera, y no se da idea de la alegría que sentí al comunicarle a otras personas lo mismo que usted hace cuatro años atrás me decía a través de un programa de televisión. Fue por medio de ese programa que conocí al Señor y le abrí mi corazón. La literatura y los consejos que me envió no fueron en vano. Hoy me estoy preparando para la obra misionera. Soy muy feliz porque el Señor me ha llamado a servirle desde mi juventud".

Eloine (Oberá, Prov. de Misiones, Argentina).

Sr. Palau:

"Le quiero contar que entregué mi vida a Jesús en abril de 1986 en el estadio de Vélez Sarsfield en Buenos Aires. Tiempo después tomé el curso de consejería con su colega Jaime Mirón, y en el presente tengo la dicha de ser consejera en la iglesia a que asisto. Ya he guiado a Cristo a varias personas".

Ana Lapeire (Buenos Aires, Argentina).

Sr. Palau:

"Hace cerca de dos años (1985) a través de su programa radial en Radio Colonia, entregué mi corazón a Cristo y lo acepté como mi Salvador. Soy propietario de un comercio y a comienzos de 1987 tomé a un empleado que resultó ser cristiano. Me invitó a ir a la iglesia y en breve voy a bautizarme. Estoy leyendo la Biblia como usted aconseja, y siento la tremenda necesidad de estar más preparado para ganar almas para Cristo".

Eduardo Dosio (Gral. Las Heras, Prov. Buenos Aires, Argentina).

Sr. Palau:

"En mi primera carta yo le conté mi problema, y le quiero agradecer por su contestación. Apenas la recibí, procedí a escudriñar todas las citas bíblicas. Me gocé y maravillé al recibir sus palabras. Hace 9 meses (1982) que me postré a los pies de Cristo y he podido ver su mano sobre mi vida. Le quiero decir que ahora, en esta prisión donde me encuentro, comparto el pan espiritual con mis compañeros".

Tobías Vásquez, Guatemala.

Sr. Palau:

"Después de haberla estudiado con detenimiento, su carta de ayuda y orientación bíblica fue de gran estímulo en mi vida. Sus palabras fueron lo que mis dudas necesitaban. El fruto de su consejo es que hoy (1987) soy fuerte en Cristo. Aunque estoy cautivo, me siento libre y la presencia de Dios mora en mí. La obra del Señor va tomando forma en esta prisión. Ya tengo otros dos hermanos en la fe. Con ellos también he compartido el consejo que usted me dio. Alégrese pues la luz de Dios a través de su ministerio salva también a los de mi cárcel, y esta obra crecerá".

Danilo Pufo S. (Holguin, Cuba).

Sr. Palau:

"Una vez escuhé la Palabra de Dios a través de usted, y Dios tocó mi corazón. Con mi esposa oramos junto a la radio y nos convertimos al Señor Jesús. Ahora soy dirigente de una iglesia y sirvo al Señor ganando a otros para El. Tengo pruebas y luchas, pero la Palabra de Dios y los consejos suyos, hermano, me mantienen firme en Cristo".

Desiderio Reyes, Perú.

Sr. Palau:

"Quiero contarle sobre mí. Hace dos años (fines de 1979) acepté al Señor Jesucristo como mi salvador personal a través de uno de sus programas en la radio Faro del Caribe. Hace poco más de un año que estoy trabajando en evangelismo personal casa por casa. Para gloria de Dios ya hemos iniciado una obra que en el presente está integrada por cuatro familias".

Henry Calderón Navarro (Valle del Guarco, Cartago, Costa Rica).

Sr. Palau:

"Yo era un joven pastor recién salido del seminario cuando usted vino a nuestra ciudad. Decidí que mi pequeña iglesia (ubicada en un vecindario peligroso por el tráfico de drogas y los robos) trabajaría en la cruzada. Tomé a toda mi gente y traté de que drogadictos, mujeres de la calle y todos sin distinción fueran a las reuniones. Al final de la campaña (1968), quince nuevas familias se habían unido a mi iglesia. Uno de los drogadictos convertidos luego fue al seminario, y después de cuatro años se convirtió en pastor de una iglesia de la zona''.

Pastor de Monterrey, México.

Sr. Palau:

"Acepté a Jesucristo cuando usted estuvo en mi país en 1975. También lo hizo mi esposa, y ambos lo recordamos como si hubiera sido ayer. La iglesia que hoy pastoreo, cerca del estadio donde usted predicó en esa cruzada, quedó entonces con cincuenta personas nuevas que se entregaron al Señor durante esas semanas de campaña. Además estoy predicando en Radio Ondas de Luz, en el programa 'Adelante con Fe'. Lo recordamos con mucho cariño''.

Pastor de la ciudad de Managua, Nicaragua.

Sr. Palau:

"Brevemente déjeme decirle que me entregué a Cristo en su campaña en Bolivia (1974) y ahora soy pastor de una hermosa iglesia a la que, por la gracia de Dios, asisten unos cuatrocientos hermanos''.

Pastor de Bolivia.

Sr. Palau:

"Soy un joven creyente en el evangelio y un hijo espiritual de usted gracias a uno de los mensajes que predicó cuando estuvo en este lugar Chiclayo, (1976). Fue en esa ocasión que conocí a Jesucristo y después sentí el llamado de Dios para predicar el evangelio. Cursé tres años de estudios teológicos en un seminario de mi país, y me encuentro realizando un año de práctica como pastor en una iglesia en la provincia de Jaen''.

José Ipanaqué Sánchez (Chiclayo, Perú).

Sr. Palau:

"Desde 1969 escucho su programa "Cruzada". Ese fue el medio que Dios escogió para mi encuentro personal con El. Yo tenía 18 años y me sentía con un profundo vacío espiritual, pero no sabía cómo acercarme a Dios. Sé que su voz y su mensaje, hermano Palau, fueron instrumentos del Señor para llegar a mi corazón. Todavía me parece escucharlo. Sigo fiel al Señor Jesús y ahora le sirvo de tiempo completo en un ministerio en mi iglesia ya que quiero ganar a otros para Cristo. Doy gracias al Señor por usted y porque lo usó en mi vida''.

Concepción Ramírez (Colombia).

Hermano Luis:

''Nunca le conté antes que yo también me entregué a Jesús en la Plaza de Toros durante su campaña en San José (1972). Ahora pastoreo una iglesia de unos 600 miembros junto a la frontera con Panamá. Además tengo un programa radial en una emisora local. Creo que el Señor nos está usando como equipo. Usted, evangelista. Yo, pastor''.

Pastor de San José de Costa Rica.

Sr. Palau:

''Le escribo para darle las gracias ya que por su intermedio conocí y recibí a Cristo como mi Salvador (1975). Hace siete años que trabajo como misionero. Realizo este ministerio en tres idiomas: español, guaymies y savanero. Muchas familias han conocido a Cristo. Continúo escuchando sus mensajes aquí en Panamá''.

Concepción Miranda (Veraguas, Panamá).

Sr. Palau:

''Decidí entregar mi vida a Cristo en la Plaza de Toros de San José de Costa Rica en 1972. Por la gracia de Dios ahora soy pastor, y nuestra iglesia es la más grande del país —tiene más de 1000 miembros. Como puede ver, los resultados de aquella campaña se han multiplicado en gran manera''.

Pastor Raúl Vargas, San José de Costa Rica.

Amigo Palau:

''Es un gusto poder contarle acerca del hermano Rolando Mena, quien se convirtió a Cristo en la campaña que usted tuvo aquí en Managua en 1975. Rolando es ahora un pastor muy reconocido y querido por nosotros, los líderes nicaragüenses, y ha plantado varias iglesias en todo el país''.

Informe recibido del Rev. Ignacio Hernández de Nicaragua.

Sr Palau:

''En nuestro hogar siempre escuchamos sus programas de radio, y ése fue el medio por el cual llegamos a conocer a nuestro Señor y Salvador Jesucristo. Por un consejo de ustedes pude ganar para el Señor a mi esposo e hijos. Los resultados se han multiplicado y otras vidas han sido alcanzadas por medio del ministerio que Dios ha puesto en nuestras manos: mis hijos trabajan en un equipo de evangelismo, y mi esposo y yo hemos llevado el evangelio al campo. Ya han nacido dos congregaciones. Las bendiciones de Dios son muy abundantes''.

María. E. N. de Mora (San José, Costa Rica).

Hermano Palau:

''Soy una ex guerrillera, ex comunista, cuyas ideas revolucionarias nacieron en mi adolescencia. Comencé a leer a Marx y a Lenín a los 13 años, y a los 18 ya era militante en el partido. Con mis compañeros veíamos que la riqueza debía ser repartida con equidad entre todos los habitantes de América Latina, y defendíamos nuestras ideas a cualquier precio. Llegué a tener parte en la muerte de once personas... para nosotros el fin siempre justificaba los medios. Yo no creía en Dios pues no podía entender la injusticia social. Un día en la radio escuché el anuncio de que usted predicaba en un auditorio en la ciudad de Lima (1970). Me llamó la atención que entre los temas que usted iba a tratar estaban las drogas y la juventud. Fui a escucharlo, un poco como espía y otro poco por curiosidad, pero me enfurecí cuando usted empezó hablar de Dios, del amor divino y del Señor Jesucristo. Sin embargo, esa noche en mi casa no pude dormir. El Espíritu Santo de Dios comenzó a obrar en mi corazón. Reconocí mi pecado, me sentí muy sucia y por primera vez me estremecí al recordar lo que había sido mi vida hasta ese momento. Finalmente de rodillas le entregué mi vida al Señor.

''A partir de allí abandoné la guerrilla por convicción y empecé a ministrar entre mis compatriotas, ayudando a los pobres, trabajando en las cárceles. Tengo una gran carga por todos los niños de mi país, y hemos organizando una obra en la que les proporcionamos alimento material y espiritual. Todas las mañanas se provee desayuno a los niños. Comenzamos con 800, y llegamos a tener 2700. También les predicamos el evangelio y tratamos de proporcionar una educación integral. Mi sueño es concientizar a los cristianos de las iglesias para que a su vez sientan el llamado a esta obra. Queremos ganar para Cristo a los niños del Perú. Ellos son mi familia''.

Rosario Rivera (Lima, Perú).

Sr. Palau:

"En la década del '70 yo era policía y durante las rondas que hacíamos con mis compañeros en el patrullero, nos encantaba escuchar sus programas radiales a fin de burlarnos de usted. Por un delito que cometí tuve que ir a la cárcel en 1977, y a los pocos días entregué mi corazón al Señor en una de las reuniones allí en la prisión. Yo no había sido consciente, pero a pesar de mis burlas a los mensajes radiales de Palau, Dios había ido sembrando su Palabra en mi corazón. Durante los más de cuatro años que estuve preso, mi alimento espiritual fueron sus programas de enseñanza bíblica y la correspondencia con el hermano Jaime Mirón, que tantos consejos sabios me dio. Al poco tiempo se convirtió mi esposa y yo comencé a colaborar con el ministerio de evangelización en el lugar de mi cautiverio. Cuando salí en libertad, me bauticé y empecé a concurrir a la 'Iglesia de la Puerta Abierta' en mi ciudad. Ahora trabajo en esa iglesia como misionero y colaboro con el grupo de la misión carcelaria visitando prisiones. Allí encontré a varios de mis ex compañeros y nuevamente pude testificarles de Cristo.

"Es mi oración que este testimonio sirva para que el nombre de Dios sea glorificado''.

José Luis Santoandré (Buenos Aires, Argentina).

Dice Dios ...*así será mi palabra que sale de mi boca, no volverá a mí vacía sin haber realizado lo que deseo, y logrado el propósito para el cual la envié.* (Isaías 55:11).

¿Con Quién me Casaré?
Luis Palau

En este libro, el muy destacado evangelista traza los planes de Dios para el hombre y la mujer con respecto al matrimonio.

Señala además los principios morales y espirituales a fin de escoger al compañero para la vida.

En la actualidad el matrimonio ha perdido su valor y se ha convertido en un problema grave para muchas personas, y esto se debe a decisiones equivocadas y vidas mal orientadas. Leyendo este libro Ud. entenderá que hay principios cristianos para decisiones importantes.

Adquiéralo en su Librería Favorita.
Distribuído por Spanish House/Miami, Fl. 33172

1ra Serie Cruzada
Luis Palau

Libritos basados en sermones presentados por su autor Luis Palau, confrontan al lector con decisiones y sueños que realizan:

1. **¿Quieres un Hogar feliz?**: Cuando Cristo mora en el corazón del hombre y de la mujer, allí está el fundamento para un hogar feliz.

2. **¿Que Quieres que haga por ti?**: El autor expresa algunas de las respuestas a las oraciones recibidas y comparte con el lector sus propias experiencias en este campo.

3. **¿Eres Cristiano? ¿Si o No?**: El autor explica comó es un cristiano verdadero y guía al lector a través de esta experiencia.

4. **Una Conciencia Transparente:** El autor explica Como se puede lograr una mente limpia de malos recuerdos, miedo, soledad y de una desagradable sensación de culpabilidad?

Adquiéralo en su Librería Favorita.
Distribuído por Spanish House/Miami, Fl. 33172

2da Serie Cruzada
Luis Palau

Libritos basados en sermones presentados por su autor Luis Palau, confrontan al lector con decisiones y sueños que realizar:

1. **Decisiones a la Sombra de la Cruz:** una serie de pasajes bíblicos en los momentos de decisiones que cambiaron sus vidas, aplicadas a la vida del cristiano actual.

2. **Sueña Grandes Sueños:** Enfrenta al joven a realizarse mirando en grande su futuro en la vida de acuerdo a la voluntad Divina.

3. **Brujerías y Horóscopos Frente a Dios:** Una exposición del auge del ocultismo y las sectas espiritistas en oposición directa a la Palabra de Dios.

4. **¿Estás a Favor o en Contra de Dios?:** Enfrenta al lector a comparar y hacer su decisión por Cristo.

Adquiéralo en su Librería Favorita.

Distribuído por Spanish House/Miami, Fl. 33172